L'Art de l'Autodiscipline

Techniques Pratiques pour Développer ta Force Mentale, Résister aux Tentations, Éliminer les Mauvaises Habitudes et Atteindre tes Objectifs Sans te Saboter

Logan Mind

Téléchargez Ton Livre Gratuit !..**6**

© DROITS D'AUTEUR 2024 - TOUS DROITS RÉSERVÉS. **7**

Comment Télécharger Tes Extras **8**

Autres Livres **10**

Rejoignez mon équipe de critique !...................................**12**

Introduction **13**

Chapitre 1 : Comprendre l'autodiscipline **16**

Chapitre 2 : Les Fondements de la Force Mentale...................**25**

Chapitre 3 : Identifier et surmonter les mauvaises habitudes...........**34**

Chapitre 4 : Résister efficacement aux tentations...................**45**

Chapitre 5 : Définition et réalisation des objectifs....................**55**

Chapitre 6 : La gestion du temps pour l'autodiscipline **65**

Chapitre 7 : Développer un état d'esprit discipliné **75**

Chapitre 8 : Développer la résilience et la détermination................**85**

Chapitre 9 : Le Rôle de la Santé Physique dans l'Autodiscipline..........**95**

Chapitre 10 : Régulation émotionnelle et autodiscipline................**106**

Chapitre 11 : Techniques de productivité pour l'esprit discipliné **117**

Chapitre 12 : Surmonter la procrastination *127*

Chapitre 13 : Maintenir une autodiscipline à long terme *138*

Pour conclure *149*

Autres Livres *152*

Aidez-moi ! *154*

Rejoignez mon équipe de critique ! *155*

EMOTIONAL INTELLIGENCE
for Social Success

FREE DOWNLOAD: pxl.to/loganmindfreebook

LOGAN MIND

EXTRAS

https://pxl.to/LoganMind

Books
Workbooks
FREE GIFTS
Review Team
Audiobooks
Contacts

CLICK NOW!

@loganmindpsychology

Téléchargez Ton Livre Gratuit !

Pour te **remercier** de ton achat, je t'offre le bouquin *L'intelligence Émotionnelle pour le Succès Social* gratos !

Dans ce livre, tu vas découvrir :

• Comment booster tes **compétences** sociales grâce à l'intelligence émotionnelle

• Les techniques pour repérer et influencer les **émotions** chez toi et les autres

• Des stratégies concrètes pour renforcer tes **relations** avec les gens

• La gestion efficace des **conflits**

• Des astuces pour augmenter ton **charisme** et ton impact social

Si t'as envie d'améliorer sérieusement tes **interactions** avec les autres et de développer ton **réseau** social, télécharge ce livre sans débourser un centime.

Pour un **accès** immédiat, rends-toi sur :

https://pxl.to/loganmindfreebook

© DROITS D'AUTEUR 2024 - TOUS DROITS RÉSERVÉS.

Le contenu de ce livre ne peut être reproduit, dupliqué ou transmis sans l'autorisation écrite directe de l'auteur ou de l'éditeur. En aucun cas, l'éditeur ou l'auteur ne pourra être tenu responsable de tout dommage, réparation ou perte monétaire dus aux informations contenues dans ce livre, que ce soit directement ou indirectement.

AVIS JURIDIQUE:

Ce livre est protégé par le droit d'auteur. Il est destiné uniquement à un usage personnel.

Vous ne pouvez pas modifier, distribuer, vendre, utiliser, citer ou paraphraser une partie quelconque ou le contenu de ce livre sans le consentement de l'auteur ou de l'éditeur.

Comment Télécharger Tes Extras

T'es-tu déjà demandé comment **renforcer** ta volonté et garder ta **motivation** tout au long de ton parcours ? En fait, la clé du succès ne se trouve pas seulement dans les techniques présentées dans ce bouquin, mais aussi dans les outils en plus qu'on a concoctés pour te soutenir à chaque étape. Ces **extras exclusifs** ont été pensés pour compléter ton apprentissage, en te filant des ressources pratiques et de l'inspiration au quotidien.

Ces extras incluent des trucs qui apportent une valeur de ouf :

• Un **PDF pratico-pratique** pour un défi de 21 jours : Une façon structurée de passer de la théorie à la pratique. Ce défi quotidien te guide sur trois semaines pour intégrer de nouvelles habitudes positives. **Valeur : 14,99 €**

• 101+ citations inspirantes sur l'auto-discipline : Quand ta motivation flanche, les mots de sagesse de ceux qui ont cartonné peuvent rallumer la flamme. Ces citations triées sur le volet te rappelleront de rester dans le droit chemin.

• Une checklist rapide pour **briser** les mauvaises habitudes : Une référence instantanée pour reconnaître et remplacer les comportements qui craignent. **Valeur : 9,99 €**

• Bonus : Intelligence émotionnelle pour le succès social : Un guide en or pour utiliser tes compétences émotionnelles et **améliorer** tes relations et atteindre tes objectifs sociaux. **Valeur : 14,99 €**

Ces outils sont conçus pour que chaque concept puisse se traduire en actions concrètes. En les téléchargeant, tu profites d'un soutien continu et d'une motivation **boostée**, t'incitant à persévérer quand ça devient chaud.

Pour accéder à ces cadeaux de ouf et avancer efficacement dans ton **parcours**, clique simplement sur le lien ci-dessous :

Jette un œil aux extras ici :

https://pxl.to/6-taos-lm-extras

Autres Livres

Dans **ce bouquin**, tu as entamé une transformation cruciale dans ton parcours perso et pro. Mais pourquoi s'arrêter en si bon chemin ? Pour aller encore plus loin dans ton **développement personnel**, c'est super important d'explorer et de maîtriser différents aspects de la psycho et des comportements humains. C'est pour ça que j'ai pondu d'autres **ouvrages** qui compléteront à merveille tes connaissances et compétences fraîchement acquises.

• **Intelligence émotionnelle** : Comprendre et développer ton intelligence émotionnelle, c'est indispensable pour booster tes relations et gérer tes émotions de façon constructive. Dans ce bouquin, tu découvriras des habitudes simples et efficaces pour renforcer ton empathie et affiner ta gestion des émotions.

• **Estime de soi** : Une estime de soi en béton, c'est le cœur de la **confiance** en soi et de l'épanouissement personnel. Grâce à ce livre, tu apprendras des techniques qui ont fait leurs preuves pour gonfler ton estime de soi, te libérer des pensées négatives et instaurer une stabilité intérieure qui tiendra la route face aux galères de la vie.

• **Entraînement cérébral** : Ton cerveau, c'est comme un muscle ; il a besoin d'exercices réguliers pour rester affûté et performant. Dans ce volume, je te propose une série d'exercices et de **stratégies** spécialement concoctés pour maximiser tes capacités cognitives et booster ta faculté de concentration, de mémoire et de prise de décision.

Pour jeter un œil à mes autres **bouquins**, suis le lien ci-dessous. Clique sur "Tous mes livres", et choisis ceux qui t'intéressent le plus. Si tu veux me contacter, toutes les infos sont dispo en bas du lien indiqué.

Découvre tous mes livres et contacts ici :

https://pxl.to/LoganMind

Rejoignez mon équipe de critique !

Merci beaucoup d'avoir choisi de lire mon **livre**. Ça compte énormément pour moi. Je t'invite à rejoindre mon équipe de **critique** ! Si tu es un grand **lecteur**, tu peux recevoir une copie **gratuite** de mon bouquin en donnant un avis honnête, ce qui m'aiderait vraiment.

Pour rejoindre l'équipe ARC, c'est super simple :

• Clique sur le lien ou scanne le QR code.

• Ensuite, clique sur la **couverture** du livre dans la page qui s'ouvre.

• Après, clique sur "Join Review Team".

• Inscris-toi à BookSprout.

• Tu recevras une notif à chaque sortie d'un nouveau **livre**.

Jette un œil à l'équipe ici :

https://pxl.to/loganmindteam

N'hésite pas à nous rejoindre, on va bien s'**amuser** !

Introduction

Tu as déjà eu l'impression que tes **mauvaises habitudes** t'empêchent d'atteindre tes objectifs ? T'es pas le seul. Imagine un instant pouvoir dominer ces pulsions, repousser ces tentations et franchir chaque obstacle qui se met sur ton chemin. C'est exactement ce que ce bouquin promet de t'aider à accomplir.

Maintenant, c'est l'heure de plonger. On parle de comprendre ce qu'est vraiment la **discipline** et comment cette compétence peut transformer tout ton monde. Mais bon, c'est pas une idée nouvelle, hein ? L'homme marie la psychologie et la discipline depuis la nuit des temps. Le truc, c'est que la façon dont chacun gère la tentation, les habitudes pourries et la discipline mentale varie vachement.

Moi, je suis pas juste un auteur ; je suis aussi un **coach** et un mentor pour des milliers de personnes comme toi. Mon expérience ? Elle vient de collaborations avec quelques-unes des plus grosses boîtes du monde. Cela dit, ce que j'adore vraiment, c'est aider des gens comme toi à renforcer leur contrôle interne et à trouver une nouvelle liberté via la discipline.

Ce bouquin, c'est un guide, une sorte de **boîte à outils** pratique. On scrute tout, des techniques de gestion de la volonté à l'importance d'une bonne bouffe pour garder cette volonté. On parle pas de trucs théoriques barbants. Chaque concept, chaque technique a été testé et optimisé pour que tu puisses l'appliquer facile dans ta vie de tous les jours.

T'as déjà entendu parler de la technique Pomodoro ? C'est cette stratégie géniale pour maximiser tes périodes de **travail** en les découpant en petits bouts de temps. Ou peut-être que tu te sens submergé par toutes les tentations autour de toi ? On explore des méthodes efficaces pour résister aux impulsions, pour que t'aies plus jamais envie de procrastiner.

Y aura aussi des exercices pratiques intégrés. C'est des petits changements que tu peux ajouter dans ton quotidien pour voir des résultats quasi immédiats. Du coup, tu vas commencer à traquer tes habitudes, à redécouvrir tes **objectifs**, et à gérer ton temps comme jamais avant. Tu te sentiras sans aucun doute plus équipé, plus serein.

Évidemment, y a des moments qui seront pas faciles. Y a les mauvaises habitudes qui veulent simplement pas crever. Mais c'est là où la notion de mentalité de croissance entre en jeu. Croire en ta capacité de changement et systématiquement renforcer ta **résilience** mentale devient crucial.

Alors pourquoi c'est si important ? Ben, se fixer des objectifs fait souvent partie de la solution. Si t'apprends à les aligner avec tes valeurs perso, ça devient plus simple de trouver du sens et une raison d'avancer. C'est comme construire un pont solide vers tes succès futurs.

Tu te demandes sûrement, mais et si ça marche pas ? Beaucoup de gens ressentent cette trouille de l'échec dès le début. Mais justement, ce chemin est autant un processus d'autodécouverte qu'une série de techniques structurées. Apprendre à surmonter des défis et repartir de plus belle, c'est la clé. On va creuser comment le stress impacte tes performances et ce que tu peux faire pour rester en pleine forme physique et mentale.

En terminant cette lecture, t'auras non seulement une meilleure compréhension de toi-même, mais aussi les outils nécessaires pour concevoir une vie plus disciplinée et agile. Tu seras capable de chasser les mauvaises habitudes et d'éviter les pièges qu'elles induisent.

Alors, je t'invite à ouvrir ce bouquin et découvrir comment chaque chapitre peut devenir une arme dans ta quête de **perfectionnement** personnel. T'as pas à gravir cette montagne tout seul ; chaque page vise à t'apporter une plus grande clarté, plus de contrôle et surtout, un sentiment d'accomplissement. En fin de compte, c'est cette discipline interne qui te donnera la liberté de façonner la vie dont t'as toujours rêvé.

Tourne la page, commence à remodeler ta vie vers une version plus disciplinée de toi-même... et rappelle-toi que chaque grande **transformation** commence avec une petite première étape. Ensemble, allons au-devant de cette aventure transformative.

Chapitre 1 : Comprendre l'autodiscipline

Tu t'es déjà demandé si tu pourrais faire mieux avec un peu plus de **contrôle** sur toi-même ? Je te comprends - c'est cette capacité, aussi insaisissable qu'elle puisse paraître, qu'on appelle l'**autodiscipline**. Imagine vivre chaque jour avec ce petit plus, cette **force** qui te pousse à dépasser tes petites faiblesses quotidiennes. Pour moi, c'est comme avoir un **superpouvoir**.

Dans ce chapitre, je vais te montrer comment te rapprocher de cette version plus disciplinée de toi-même. Tu verras pourquoi certaines **décisions** semblent si difficiles à prendre et comment certaines parties de ton **cerveau** bossent non-stop. Et si je te disais que même les **habitudes** jouent un rôle crucial dans ta capacité à garder le cap ?

On a tous connu ces moments où la **volonté** flanche, ça te parle, non ? T'inquiète, on va voir ensemble des astuces simples pour éviter l'épuisement mental.

Alors, tu te lances dans ce chapitre avec moi ? On va démarrer ce voyage pour comprendre comment maîtriser cette précieuse force qu'est l'autodiscipline. Ça va être passionnant, promis !

La Psychologie de la Maîtrise de Soi

Tu sais à quoi sert le **self-control** ? C'est ta boussole pour réguler tes pensées, émotions et comportements afin d'atteindre des objectifs à long terme. Pas seulement pour éviter de dévorer une tablette de chocolat quand t'es au régime, mais aussi pour des trucs plus importants, comme boucler un projet crucial alors que t'as juste envie de binge-watcher ta série préférée.

Maintenant, parlons de comment ça fonctionne dans ton cerveau. Tu te demandes sûrement comment tu prends tes décisions et comment tu arrives (ou pas) à contrôler tes **impulsions**, pas vrai ? C'est là que les processus cognitifs entrent en jeu. Ton cerveau doit gérer une tonne d'infos pour faire le tri entre la gratification immédiate et l'accomplissement à long terme. C'est comme quand tu te dis "Je joue juste une minute," et deux heures plus tard, t'es toujours collé à ton jeu !

Le grand patron dans tout ça ? Le **cortex préfrontal**. C'est le boss des fonctions exécutives, la partie de ton cerveau qui organise, planifie et gère ta dose de self-control. Il filtre tes pensées, comme quand tu médites sur quoi faire après un gros déjeuner quand t'as la flemme. Grâce à lui, tu arrives – ou pas – à prioriser entre "maintenant" et "plus tard".

Quand ton cortex préfrontal est au top, il t'aide à éviter l'**impulsivité**. Un achat compulsif ? Il te chuchote "T'en as vraiment besoin ?" Plutôt utile, non ? Il t'aide aussi à suivre tes plans à long terme, comme respecter ton emploi du temps.

Le truc cool, c'est que ce cortex préfrontal peut se renforcer. Plus tu t'entraînes à être conscient de tes choix, plus il devient efficace. C'est comme un muscle : plus tu le sollicites, plus il répond. Alors fonce, même si c'est pas toujours facile. Souviens-toi : tes efforts pour améliorer ton self-control ne sont jamais vains... ça se construit petit à petit.

Si t'es pas encore convaincu, c'est normal. Comme toute compétence, le self-control demande du temps et du boulot. Je sais, t'as parfois l'impression de faire du sur-place. Mais ce **cortex préfrontal** est ton meilleur allié pour atteindre tes **objectifs**.

Alors, concentre-toi sur ton cortex préfrontal, observe comment tu gères tes impulsions, et transforme-les progressivement en trucs bénéfiques pour toi. Fais-le jour après jour, et tu verras les progrès !

En résumé ? Une fois que tu comprends mieux le **self-control** et que tu identifies les mécanismes derrière ce "petit diable sur l'épaule droite et ange sur l'épaule gauche," tu pourras guider ton cerveau vers des chemins peut-être sinueux, mais productifs !

Voilà pour ce passage. Garde ton cortex préfrontal en éveil. ;) On passe à la suite !

Neuroscience et autodiscipline

Alors, parlons du système de **récompense** du cerveau. C'est un truc super intéressant, surtout si tu veux comprendre pourquoi t'es si souvent tenté par les pizzas ou les réseaux sociaux, par exemple. En fait, ton cerveau adore les récompenses. Chaque fois que tu fais quelque chose d'agréable – genre manger, faire du sport, ou même recevoir un compliment – ton cerveau libère un petit chimique appelé la **dopamine**. Et, bam ! Tu te sens bien. Ça te motive à répéter ce comportement parce que ton cerveau le considère comme avantageux.

Donc, en gros, si tu t'attaques à tes tâches quotidiennes, mais que chaque notification sur ton téléphone libère de la dopamine, ça devient super difficile de rester concentré. Et c'est là qu'entre en scène l'**autodiscipline**. Comment résister à ces petites poussées de dopamine pour te concentrer sur ce qui compte vraiment ?

La clé, c'est de comprendre et de jouer avec ce système de récompense. Tu peux te fixer des petites récompenses pour les tâches importantes. Genre, "Ok, si je finis ce rapport, je m'accorde 10 minutes de pause pour checker mes messages." Petit à petit, tu entraînes ton cerveau à voir le boulot sérieux comme quelque chose de positif.

Maintenant, parlons un peu de la **neuroplasticité**. Qu'est-ce que c'est, ce truc ? Eh bien, c'est la capacité du cerveau à changer et à s'adapter. Au fur et à mesure que tu pratiques une nouvelle activité, que tu répètes un comportement, les connexions neuronales se renforcent. Le cerveau est un peu comme une pâte à modeler en quelque sorte !

Imagine que tu veuilles développer une **habitude**, comme faire du sport tous les matins. Les premières semaines, ça peut être super difficile, mais à chaque fois que tu répètes cette routine, ton cerveau formera de nouvelles connexions. Ces nouveaux chemins neuronaux rendront cette habitude presque automatique avec le temps. Cool, non ?

Mais, et là on arrive à un coup dur, le **stress** peut vraiment saboter tout ça. Quand t'es stressé, ton cerveau libère du **cortisol**, et ce n'est pas bon pour ton self-control. En gros, le cortisol va affecter des parties du cerveau comme le cortex préfrontal, où la magie de la prise de décision et du contrôle de soi se passe. Plus de cortisol, moins de contrôle.

Imagine la situation suivante : tu as eu une journée de folie au boulot. Tout ce que tu veux maintenant, c'est te poser devant la télé avec une énorme barre de chocolat. Difficile de résister, hein ? C'est le cortisol qui parle. Tes capacités à tenir bon et à rester discipliné sont en chute libre. Le truc, c'est d'apprendre à gérer ce stress. Prendre du temps pour la méditation, la respiration profonde ou simplement un hobby que tu aimes peut aider à réduire ces niveaux de cortisol et à garder ton self-discipline au top.

En bref, ton cerveau est ton allié mais aussi ton pire ennemi dans la quête de l'autodiscipline. Comprendre comment il fonctionne, et comment des choses comme la récompense, l'habitude, et le stress interfèrent, c'est un excellent point de départ vers une vie plus maîtrisée et au top. Alors, travaillons avec notre cerveau plutôt que contre lui et voyons jusqu'où on peut aller !

Le Rôle des Habitudes dans l'Autodiscipline

Les **habitudes**, c'est comme la conduite automatique de nos comportements. Imagine que tu te lèves le matin et tu vas directement te brosser les dents sans même y penser. C'est ça, une habitude. Ces comportements répétitifs économisent de l'énergie mentale. Tu sais, chaque fois que tu n'as pas à te demander "Qu'est-ce que je fais maintenant?" c'est de l'**autodiscipline** gagnée.

Passons à la formation des habitudes. C'est fascinant ! Dans ton cerveau, les ganglions de la base bossent dur pour faire le taf. Ces structures sous-corticales sont comme un centre de commande pour tes habitudes, aidant à transformer les actions répétées en routines automatisées. Une fois qu'une action devient une habitude, elle bouffe moins de ressources énergétiques. Notre cerveau n'a pas à réfléchir à chaque étape de la routine pour exécuter l'action, il le fait juste.

Alors, pourquoi on en parle ? Parce que comprendre les habitudes nous permet de les utiliser à notre avantage. Par exemple, empiler des habitudes. Imagine que tu viens de terminer ta **méditation** du matin. Plutôt que de laisser tomber cette bonne habitude, pourquoi ne pas ajouter un truc bénéfique juste après ? Comme une série d'exercices. C'est plus facile de maintenir un comportement autodiscipliné si tu empiles les habitudes les unes après les autres.

L'empilement des habitudes, c'est vraiment malin. Tu colles une nouvelle habitude à une ancienne. Par exemple, tu veux boire plus d'eau. Tu pourrais décider de boire un verre d'eau chaque fois que tu allumes ton ordi le matin. Simple, non ? Et petit à petit, ça devient tout naturel, moins de **volonté** demandée chaque jour.

Parlons un peu plus de la partie neurologique. Quand une habitude se forme, il y a trois étapes principales : le **signal**, la routine et la **récompense**. Les ganglions de la base sont surtout préoccupés par la routine. Une fois que le signal donne le départ, la routine suit sans trop d'effort conscient. C'est comme tourner la clé dans une bagnole et elle démarre. Une habitude bien ancrée fonctionne de la même manière. Deux fois moins de prise de tête, au fait !

Tu te demandes peut-être maintenant, "Comment je fais pour créer une habitude ?" Facile (en théorie au moins). Il faut commencer par une action répétitive, avoir un signal pour déclencher l'action, et s'assurer qu'il y ait une gratification à la fin. Par exemple, tu veux te mettre à la lecture chaque soir. Tu pourrais commencer en posant ton bouquin sur ta table de chevet. Ton signal serait de voir le livre avant de te mettre au pieu. Ensuite, la routine : lire le livre. Enfin, la récompense, ce moment de détente.

Tout ce processus implique que le cerveau associe les actions à des résultats positifs. Plus tu fais un truc, moins tu y penses, plus rapide et efficace sera ton chemin vers un **comportement** autodiscipliné. Du coup, tu peux voir tes objectifs se réaliser sans même te rendre compte du boulot fourni. Automatisé, sérialisé, simplifié.

Pour finir, tout tourne autour de la **constance**. Prendre le temps chaque jour d'ajouter cette goutte d'effort, jusqu'à former un océan d'automatismes. Apprends à t'investir dans ces petites batailles quotidiennes... et bam, te voilà devenu maître de l'autodiscipline. Bon courage dans cette belle aventure mentale !

Fatigue de la volonté et sa gestion

Tu sais, ta **volonté**, c'est un peu comme une batterie de téléphone. Elle peut s'épuiser si tu l'utilises trop sans pause ni recharge. Ouais, c'est vrai, la volonté n'est pas infinie. C'est ce qu'on appelle une « ressource limitée ». Si tu la sollicites trop souvent sans te reposer, forcément elle va diminuer. On est tous passés par là, non ?

Parlons des raisons. Pourquoi est-ce que notre volonté finit par se fatiguer ? Il y a plusieurs facteurs. Par exemple, le **stress** peut vraiment tirer dessus. Quand tu passes une journée éprouvante, chaque petite décision t'épuise un peu plus. Même les choix les plus simples. La fatigue physique aussi, bien sûr.

Ensuite, il y a les **distractions**. Dans notre monde hyper connecté, avec toutes les notifs et sollicitations non-stop, garder sa concentration demande un effort de dingue. Et cet effort finit par épuiser ta volonté. Évidemment, gérer toutes ces décisions du quotidien n'aide pas non plus. Avoir à choisir constamment, que ce soit ce que tu bouffes ou ce que tu mates à la télé, ça crève.

Alors, comment tu gères tout ça ?

D'abord, fais des **pauses**. Offre-toi des moments pour souffler. Si tu te sens lessivé après une grosse session de boulot, lâche l'écran un moment. Va faire un tour, tchatche avec un pote, écoute de la musique. Tu verras, après un peu de repos, ta volonté se sentira revigorée.

Ensuite, essaie de simplifier tes choix. Par exemple, prépare tes **repas** à l'avance pour éviter le casse-tête du "qu'est-ce qu'on mange ce soir ?". Ou décide de deux tenues à alterner pour toute la semaine. Ça peut sembler banal, mais éliminer ces mini-décisions quotidiennes fait une vraie diff.

Reste aussi à l'écoute de ton **corps**. Si tu sens que t'es sur le point de péter un câble, c'est normal. Le corps et l'esprit en ont marre parfois. Avoir une bonne hygiène de sommeil, bien bouffer et bouger régulièrement peut recharger cette batterie interne.

Passons à l'importance de la **conscience** de soi maintenant. C'est vraiment la clé. Être conscient de l'état de ta volonté te permet de prendre des décisions plus avisées. Quand tu sais que t'approches de la limite, gère tes efforts en conséquence. Par exemple, si t'es crevé, évite de prendre des décisions importantes ou de te lancer dans des trucs compliqués. Tu risques de faire des conneries, ou pire, de tout lâcher.

Je pense aussi que savoir reconnaître les signes de fatigue de la volonté est essentiel. Des signaux comme l'irritabilité, la procrastination — se tourner vers des distractions simples comme checker les réseaux sociaux au lieu de bosser. Ce sont des petits voyants qui disent : "ok, temps mort, recharge nécessaire".

Et vraiment, n'oublie pas de te **récompenser**. Chaque petit effort mérite un petit kiff. Ça booste ta motivation et allège un peu le poids sur ta volonté.

En somme, la gestion de la fatigue de la volonté, c'est un peu comme entretenir une bagnole. Elle a besoin d'essence, de révisions régulières et d'un bon chauffeur qui écoute son moteur. Donc prends soin de ta volonté; c'est ton véhicule vers tes objectifs, après tout.

En Conclusion

Ce chapitre t'a permis de mieux **comprendre** comment développer l'auto-discipline. Tu as appris les notions fondamentales et les mécanismes psychologiques et neurologiques liés à la maîtrise de soi.

Tu as découvert que l'auto-contrôle est la capacité à **réguler** tes pensées, émotions, et comportements pour atteindre des objectifs à long terme. Les processus cognitifs jouent un rôle essentiel dans la prise de **décisions** et le contrôle des impulsions. Le cortex préfrontal de ton cerveau est crucial pour les fonctions exécutives et l'auto-régulation. De plus, le système de **récompense** du cerveau influence ta motivation et ton autodiscipline. Tu as aussi appris que la gestion de la fatigue de la volonté est importante pour ne pas épuiser cette ressource limitée.

En appliquant les conseils et les infos partagées, tu seras mieux **préparé** pour renforcer ton autodiscipline. Prends l'initiative d'utiliser ces outils dans ta vie de tous les jours ; avec de la **pratique**, tes habitudes et ta maîtrise de soi vont s'améliorer comme pas possible ! Tu es capable d'accomplir de grandes choses avec de la **persévérance** et de la **volonté**. Alors, fonce et montre-leur de quoi tu es capable !

Chapitre 2 : Les Fondements de la Force Mentale

T'es-tu déjà demandé pourquoi certaines personnes semblent **inébranlables** face aux défis de la vie ? Imagine un instant : tu te trouves face à une montagne, immense et intimidante. Pourtant, il y a ceux qui marchent avec **confiance** et **détermination**, peu importe la hauteur. Tu les vois et tu te demandes, "comment font-ils ?"

Dans ce chapitre, je suis là pour te montrer que cette **force mentale** n'est pas réservée à quelques élus. Oui, c'est vrai, toi aussi, tu peux la développer. Je vais te parler de choses simples mais puissantes qui t'ouvriront les yeux sur ta propre **résistance** mentale. Crois-moi, c'est plus accessible que tu ne le penses.

Alors, que va-t-on découvrir ici ? Eh bien, la **résilience**. On va comprendre comment nos émotions et notre discipline s'entremêlent au quotidien. Oh, et cette fameuse mentalité de croissance. Oui, figure-toi que c'est possible de l'adopter et de voir des changements concrets.

Bref, ce n'est pas une histoire de théories, mais d'**outils**. Des outils que tu pourras utiliser tout de suite pour commencer à construire ta propre force mentale. Ça pourrait bien être le début de quelque chose de grand pour toi. Alors, on plonge ? T'es prêt ?

Définir la Force Mentale

Parlons de **force mentale**. C'est cette capacité incroyable de continuer d'avancer, peu importe les obstacles qui se mettent en travers de ton chemin. Être costaud mentalement, c'est persister quand la pression monte, là où d'autres abandonneraient. Tu restes **concentré**. Ça te parle, non ?

On peut découper ça en quatre composants clés : contrôle, engagement, défi et confiance. Oublie les termes compliqués. Voici ce que ça signifie vraiment :

Le **contrôle**, c'est d'avoir la main sur tes émotions et tes réponses, même si tout s'écroule autour de toi. Il y a une sorte de calme intérieur qui te permet de gérer chaos et stress. Imagine que tu navigues dans une tempête ; le capitaine ne perd pas son sang-froid. Il garde le cap, quoi qu'il arrive.

L'**engagement**, c'est être prêt à aller jusqu'au bout pour tes objectifs. C'est cette détermination acharnée qui, même quand les choses ne se passent pas comme prévu, te pousse à continuer. Tu ne lâches rien. On dit souvent que, pour arriver quelque part, il faut s'y engager à fond.

Le défi, c'est de voir les obstacles comme des occasions de grandir plutôt que des barrières insurmontables. C'est transformer chaque problème en une sorte de jeu, une chance d'élargir tes capacités. Plutôt que de te décourager, tu te dis : "Cool ! Encore une occasion de devenir meilleur."

La confiance, c'est d'avoir foi en toi. Confiance en tes propres compétences et en ta capacité à réussir, que les choses se passent comme prévu... ou pas. C'est se dire que, peu importe les difficultés, t'es à la hauteur.

Et la **résilience** dans tout ça ? Eh bien, c'est cette capacité à te relever après chaque coup dur, t'ajuster sans jamais perdre de vue tes objectifs à long terme. La force mentale et la résilience, c'est comme une équipe de choc. Tu prends un coup, tu te relèves, et ce faisant, tu deviens plus fort. Pas mal, non ?

C'est vrai, l'atteinte de longs objectifs peut paraître épuisante. Et sans résilience, même les personnes les plus coriaces risquent de flancher. En gros, si la force mentale te pousse à tenir bon sous pression, la résilience te permet de rebondir, de te remettre plus vite sur la bonne voie.

Maintenant, imagine ça : avec contrôle et engagement, chaque défi est une opportunité. Tu ne perds pas confiance, tu continues à avancer. Pourtant, ces ressources ne viennent pas seulement de l'entêtement. Oui, il faut une touche de sagesse, une certaine acceptation que tout ne sera pas toujours parfait. C'est ce côté du mental costaud : celui où tu acceptes aussi les imperfections et tes propres limites sans te flageller. Dingue, non ?

Confiance, contrôle, défi, engagement et ajout d'une pincée de résilience feront de toi un vrai maître de la force mentale. C'est peut-être pas facile, mais avec ces composantes, tu auras une base solide pour vraiment relever tous tes défis à venir. Voilà comment se définit la force mentale. Pas des mots d'expert, juste du vécu appliqué.

Les Composantes de la Résilience Mentale

Tu te demandes ce qu'est la **résilience** mentale ? C'est ta capacité à t'adapter et à rebondir face à l'adversité. Imagine que tu affrontes une situation **difficile**. Au lieu de baisser les bras, tu trouves la force de continuer et de t'adapter. C'est cette flexibilité qui fait toute la différence.

Parlons de **flexibilité** cognitive. C'est comme avoir des muscles mentaux qui s'étirent et se contractent pour te permettre de voir les choses sous différents angles. En gros, si tu restes bloqué dans une seule façon de penser, ça va être galère de faire face aux défis. Mais si tu arrives à adopter différentes perspectives, tu feras preuve de plus de résilience. C'est comme être capable de changer de chemin quand celui que tu prends est bouché. Tu cherches toujours une autre route, un autre moyen d'avancer.

Cette flexibilité, ça s'entraîne aussi. Par exemple, apprends un truc nouveau ! Ça peut être un instrument de musique, une nouvelle langue, ou même une recette. Plus tu utilises différentes parties de ton cerveau, plus tu deviens **adaptatif**. Et franchement, cette capacité à voir les choses de différentes manières, ça aide vraiment quand la vie te balance ses coups durs.

On en arrive à la dimension **sociale**. Avoir des relations positives, c'est essentiel pour ta résilience. Les humains sont des bêtes sociales, et l'environnement social a un impact énorme sur notre capacité à gérer le stress et l'adversité. Avoir des potes, de la famille, des collègues qui te soutiennent, ça change tout. Imagine un filet de sécurité affectif où, quand tu tombes, t'as toujours quelqu'un pour te rattraper.

Parfois, rien que le fait de causer à quelqu'un peut t'aider à voir une situation sous un autre angle. Des études montrent que juste le simple fait de se confier à quelqu'un peut soulager le **stress**. T'as sûrement déjà vécu ça. T'es dans la mouise et tu parles à un pote ou à un proche, et d'un coup, les choses semblent moins désespérées.

Et n'oublie pas, c'est pas juste recevoir du soutien, mais aussi en donner. Quand tu soutiens les autres, tu renforces tes propres compétences en gestion du stress. C'est gagnant-gagnant. Crée un cercle vertueux où chacun gagne en résilience en étant là les uns pour les autres.

Pour finir, la résilience mentale n'est pas que personnelle. Elle est aussi **collective**. Une communauté résiliente fait des individus résilients, et vice versa. Pense à t'investir dans ton entourage, participer à des activités communes, prendre soin de tes **relations**. Parce qu'au final, on est tous dans le même bateau, et avoir une bonne équipe, ça change tout.

Voilà, c'est ça les composantes de la résilience mentale. C'est avoir cette flexibilité dans ta tête et un bon réseau de soutien autour de toi. De quoi remonter la pente quand ça devient **compliqué**. En parlant de ça, c'est peut-être l'heure de revoir quelques relations ou d'apprendre un truc nouveau, non ? On n'est jamais trop préparé !

L'Intelligence Émotionnelle et l'Autodiscipline

Parlons un peu de l'**intelligence émotionnelle**. En fait, c'est juste ta capacité à reconnaître, comprendre et gérer tes **émotions**. Plutôt utile, non ? Quand tu es capable de savoir ce que tu ressens, pourquoi tu le ressens et comment gérer tout ça, il devient beaucoup plus simple de rester **discipliné**.

Mais comment la conscience de soi émotionnelle t'aide-t-elle à mieux t'auto-réguler, donc à être plus discipliné ? Simple. Imagine, tu es stressé après une longue journée. Si tu n'es pas conscient de ce stress, tu pourrais finir par te tourner vers des mauvaises habitudes – genre te goinfrer ou procrastiner. Au contraire, si tu reconnais que tu es stressé, tu peux peut-être choisir de faire quelque chose de plus constructif, comme prendre l'air ou méditer.

Et ce n'est pas tout, être conscient de tes émotions, c'est aussi te donner les moyens de ne pas plonger tête baissée dans des réactions émotionnelles impulsives. Quand tu connais tes propres déclencheurs et tes réponses émotionnelles, tu es en bien meilleure posture pour faire des choix plus réfléchis. C'est tout ça, l'**auto-régulation**.

Passons à l'**empathie**. Tu te demandes sans doute quel est le rapport entre l'empathie et l'autodiscipline dans les contextes sociaux ? Eh bien, avoir de l'empathie – c'est-à-dire la capacité à comprendre et ressentir ce que les autres vivent – peut t'aider à garder ton calme et rester discipliné, même quand les autres autour de toi sont carrément stressants. Par exemple, dans une situation de conflit, si tu peux comprendre pourquoi l'autre personne est en rogne ou frustrée, tu as plus de chances de rester zen et de répondre de façon constructive plutôt que réactive.

En gros, être empathique aide à réduire les tensions et à résoudre les conflits plus efficacement. Moins de prises de tête, moins de distractions... plus de focus sur ce qui compte vraiment pour toi. Ça aide aussi à maintenir des relations positives, et des relations positives entraînent un meilleur soutien social. C'est motivant et encourageant, donc ça booste la **discipline** personnelle.

La conscience de soi et l'empathie sont donc comme deux mamelles de l'intelligence émotionnelle qui boostent l'**autodiscipline** et la **résilience**. D'abord, tu prends conscience de tes propres émotions pour mieux les gérer. Et puis, tu comprends les émotions des autres pour que leurs réactions ne viennent pas te perturber ou te détourner de tes objectifs.

D'ailleurs, on pourrait dire que l'intelligence émotionnelle est l'univers d'où tout part. Sans elle, il serait difficile de maintenir une autodiscipline efficace, que ce soit dans les moments de solitude ou en compagnie d'autres. Alors, devenir émotionnellement intelligent, c'est vraiment la base pour développer ta discipline personnelle et atteindre tes objectifs, sans te tirer une balle dans le pied. Utile dans tous les aspects de ta vie, non ?

En somme, être en phase avec tes émotions et celles des autres, c'est le chemin royal vers la maîtrise de soi. C'est pas toujours du gâteau, mais ça vaut vraiment le coup d'essayer. Hé, j'y pense... C'est aussi un sacré moyen d'améliorer tes relations en général. C'est comme faire d'une pierre deux coups.

L'approche de l'état d'esprit de croissance

Salut ! Aujourd'hui, on va causer de l'état d'esprit de **croissance**. Tu te demandes ce que c'est ? Eh bien, c'est la conviction que tes **capacités** et ton intelligence peuvent vraiment se développer grâce à l'effort et à l'apprentissage. Imagine que tout ce que tu sais et tout ce que tu fais puisse s'améliorer... juste en bossant dessus. Ça motive, non ?

L'éducation classique nous dit souvent qu'on naît intelligent ou pas, doué ou pas... Mais c'est pas tout à fait vrai. L'idée ici, c'est que peu importe ton point de départ, tu peux **progresser**. En adoptant une mentalité de croissance, tu changes ta façon de voir les défis. Au lieu de flipper face à l'échec, tu le vois comme une occase d'apprendre. C'est hyper important pour persévérer. T'as déjà lâché l'affaire parce que c'était trop galère ? Avec un état d'esprit de croissance, même si c'est chiant, tu continues... parce que tu sais que chaque effort te rapproche un peu plus du but.

Parlons maintenant de la **persévérance** et de la **résilience**. Tu sais, ces moments où t'as envie de tout plaquer parce que t'en peux plus. C'est là que cette mentalité de croissance fait toute la diff. En croyant que t'es pas coincé dans ta situation actuelle et que tu peux évoluer, t'as plus de chances de t'accrocher à tes objectifs. Ça te permet de te relever après chaque échec, car tu sais qu'avec un peu plus de temps et de taf, tu y arriveras. C'est comme quand tu te casses la figure en apprenant à faire du vélo... tu te dis : "Pas grave, je vais y arriver !". Avec ça, la persévérance n'a jamais été aussi efficace.

Le truc crucial, c'est le **discours intérieur**. Ce que tu te racontes, ça joue un rôle énorme. Si tu te répètes sans arrêt "Je suis nul", "J'y arriverai jamais"... tu imagines à quel point ça peut être démotivant. Par contre, si tu te dis : "OK, c'était chaud, mais je peux essayer autrement !", tout change. Ça booste ton moral. Tu tentes le coup, plutôt que de jeter l'éponge.

Un autre aspect clé, ce sont les **croyances** que tu te forges. Prenons un exemple : tu crois que t'es une bille en maths. Eh bien, à chaque fois que tu vas faire des maths, cette croyance va te freiner. Adopter l'état d'esprit de croissance, c'est croire que, même en maths, tu peux t'améliorer avec de l'effort et des bonnes stratégies. Simple mais efficace.

Cette philosophie impacte aussi tous les autres domaines de ta vie. T'as des moments où tu te sens incapable, où tes doutes te bloquent... Adopter l'état d'esprit de croissance change la donne. C'est comme un petit moteur intérieur, alimenté par l'espoir et l'effort.

La prochaine fois que tu te sentiras découragé, rappelle-toi cette idée. Dis-toi qu'avec chaque effort que tu fournis, tu avances. Un pas après l'autre. Ça te donne de la force, t'évite l'**auto-sabotage**. Et surtout, ça te rapproche de tes objectifs de manière plus sereine.

Bref, l'état d'esprit de croissance, ça change tout. On devient plus persévérant, plus résilient, et surtout, on apprend à apprécier l'effort. Tout ce qui te paraissait impossible devient juste... possible. **Génial**, non ?

En conclusion

Ce chapitre a exploré les bases **fondamentales** de la ténacité mentale et des stratégies pour la renforcer. Il est essentiel que tu comprennes comment les différentes composantes de la ténacité peuvent directement influencer ta capacité à surmonter les obstacles. Voici quelques points importants à retenir :

La ténacité mentale, c'est ta capacité à **persévérer** et à rester concentré sous pression. Les quatre composantes principales de la ténacité mentale sont le contrôle, l'**engagement**, le défi et la confiance. Une forte ténacité est liée à la **résilience**, qui t'aide à atteindre tes objectifs à long terme. Les relations positives et le soutien social jouent un rôle **crucial** dans le développement de ta résilience. L'adoption d'un état d'esprit de **croissance** t'aide à persister malgré les difficultés.

En gardant tout ça à l'esprit, rappelle-toi qu'améliorer ta ténacité mentale peut vraiment t'aider à surmonter n'importe quelle galère qui se présentera. Reste **motivé** et n'oublie pas que chaque défi est une opportunité de grandir. Continue à appliquer ce que tu as appris dans ce chapitre pour devenir plus **résilient** chaque jour. Allez, tu as tous les outils en main pour affronter ce qui t'attend !

Chapitre 3 : Identifier et surmonter les mauvaises habitudes

T'es-tu déjà demandé pourquoi certaines de tes **actions** se répètent sans cesse, comme si tu étais piégé dans un cercle infini ? Eh bien, moi aussi. J'ai passé des années à examiner pourquoi on maintient certains **comportements** alors qu'ils nous font plus de mal que de bien. Cette analyse m'a conduit à ce chapitre. C'est ici que tu pourras commencer à comprendre comment ces cycles se forment et comment tu peux les briser.

D'abord, tu apprendras à reconnaître les **schémas** destructeurs qui te bloquent. Je te parie que tu seras bluffé en découvrant tout ce que tu fais sans même t'en rendre compte. Ensuite, on va causer du "loop" des **habitudes** — comment des éléments comme les signaux, les routines et les récompenses s'installent pour entretenir ces comportements néfastes.

Après ça, je vais t'aider à casser ce cycle infernal. Oui, c'est possible. En modifiant simplement la routine, en trouvant des alternatives, tu verras comment il est plus simple que prévu de passer à des **actions** plus positives. Tu découvriras des techniques pratiques pour suivre et analyser tes **habitudes**... tout ça de manière fun et engageante.

C'est ici que ta quête personnelle de **transformation** commence. Tu es prêt à te lancer dans l'aventure ?

Reconnaître les schémas destructeurs

Les schémas destructeurs, c'est quoi déjà ? Ce sont simplement des **comportements** récurrents qui t'empêchent d'avancer, de grandir, d'atteindre tes objectifs. Imagine, c'est un peu comme avoir un boulet attaché à la cheville quand tu essaies de courir. Tu avances, mais super lentement, avec plein de difficulté.

Alors, comment faire pour les reconnaître ? Ça commence avec la **conscience** de soi. Être conscient de tes propres actions, tes pensées, tes émotions. Ben oui, c'est pas toujours facile. Parce que t'es pris dans tes trucs du quotidien et que t'as parfois du mal à prendre du recul. Mais tu vois, prendre quelques minutes pour réfléchir à tes habitudes, ça aide beaucoup.

Il y a une méthode simple : observer les **déclencheurs**. Qu'est-ce qui te pousse à adopter un comportement négatif ? Par exemple, si tu grignotes tout le temps en regardant la télé, essaie de comprendre pourquoi. T'es fatigué ? Ennuyé ? Procrastiner au boulot peut être déclenché par la peur de l'échec ou par un désintérêt pour la tâche. Une fois que tu vois clair dans tes déclencheurs, c'est plus facile de les gérer.

Parlons maintenant des biais cognitifs. Tu te demandes peut-être ce que c'est. Ce sont comme des p'tits pièges dans ton cerveau qui te font croire à des trucs qui ne sont pas forcément vrais. Comme si ton cerveau te jouait des tours. Y a par exemple l'optimisme irréaliste : croire que tout ira bien même si tu n'en fais pas assez pour ça. "Oh, je commencerai demain". Ou encore la rationalisation : trouver des excuses pour justifier tes mauvais comportements. "Je fume parce que ça me destresse." Plutôt que de reconnaître que c'est une **habitude** nocive.

Il y a aussi la **distraction**. On a tous nos p'tites choses qui nous distraient. Ton téléphone, les réseaux sociaux, les jeux... tu veux juste jeter un œil rapide et, boum ! Une heure plus tard, t'as encore rien fait de ce que tu devais faire. Tu vois, ces distractions sont souvent les signes de schémas destructeurs sous-jacents.

Mais ce n'est pas tout. Il y a le coût de la substitution. C'est comme remplacer une mauvaise habitude par une autre. Par exemple, arrêter de fumer mais commencer à manger beaucoup de sucreries à la place. C'est un cercle vicieux qu'il est crucial d'éviter.

Ensuite, parlons un peu d'anecdotes personnelles. On a tous ces petites manies qu'on n'admet pas toujours facilement. Par exemple, je me rappelle d'une période où j'avais cette (mauvaise) manie de repousser systématiquement mes révisions juste avant les exams. Je rationalisais en me disant que j'apprenais mieux sous **pression**. C'était totalement faux et ça m'a souvent mis dans des situations stressantes et contre-productives. Prendre conscience de ces schémas, c'est comme allumer la lumière dans une pièce sombre. Tu vois enfin ce que tu ne voyais pas avant.

Enfin, il est pas inutile de noter que l'**auto-évaluation** continue est clé. T'as déjà senti que tu retombes dans tes travers ? Pas grave. Ça arrive. Le plan, c'est d'avoir les outils, non seulement pour reconnaître mais petit à petit éradiquer ces comportements dysfonctionnels. En gardant constamment un œil critique sur toi, et en ajustant ta boussole intérieure, tout est possible.

Eh voilà. Comprendre et reconnaître tes schémas destructeurs, c'est un grand pas vers la **liberté**. Finies les chaînes invisibles qui te retiennent en arrière. Tu t'armes pour avancer plus léger, plus serein. Et c'est là toute la magie, non ?

La Boucle de l'Habitude : Indice, Routine, Récompense

Alors, on va parler de la boucle de l'**habitude**. C'est comme un schéma dans ton cerveau qui contrôle comment les habitudes se forment et s'exécutent. Tu te demandes sûrement pourquoi tu répètes certaines actions jour après jour, même quand tu sais qu'elles ne sont pas bonnes pour toi ? Eh bien, c'est là que la boucle de l'habitude entre en jeu.

Commençons par l'**indice** – ce petit déclencheur qui te pousse à agir automatiquement. Par exemple, le matin, tu vois ta tasse de café, et hop, tu commences à préparer ton expresso sans même y penser. Ces indices peuvent être n'importe quoi : une vue, une odeur, ou même une émotion. C'est dingue comme ces petits trucs peuvent avoir un grand impact sur nos comportements.

Et là, la **routine** s'installe. Tu fais cette action sans même y réfléchir. Préparer ton café, allumer la télé, te ronger les ongles – toutes ces manies qui deviennent un rituel. Pas besoin de réfléchir, ton cerveau tourne en automatique. T'es un peu comme sur pilote automatique, où tout se déroule simplement.

Puis, il y a la **récompense** – cette sensation agréable qui fait que tu as envie de refaire l'action. Peut-être que c'est le goût du café qui te réconforte, ou la pause télé après une longue journée qui te détend. Cette récompense renforce le pourquoi tu fais ce que tu fais, même si au fond, c'est pas toujours ce qu'il y a de mieux pour toi. Ton cerveau se dit : "C'était génial, faisons-le à nouveau !"

Et c'est là que tout se complique. Parce que comprendre cette boucle est super crucial pour pouvoir apporter vraiment des **changements** dans tes habitudes. C'est pas juste une question de volonté. C'est plus malin que ça. Si tu sais ce qui déclenche ton habitude et ce que tu en retires, tu peux apprendre à la modifier.

Tu sais à quoi ça me fait penser ? C'est comme comprendre les règles d'un jeu. Une fois que tu connais très bien les règles, tu peux apprendre à jouer différemment pour gagner. En réalité, chaque habitude a ses propres indices, routines et récompenses – un peu comme une recette spéciale.

Donc, la prochaine fois que tu te surprendras à replonger dans une mauvaise habitude, pose-toi des questions. C'est quoi l'indice ? Quelle est la routine ? Quelle est la **récompense** que tu cherches vraiment ? Je pense que, souvent, la récompense est plus profonde que tu ne le crois au départ. T'es peut-être pas après le café, mais le calme ou l'énergie que tu ressens.

Voilà, une fois que t'as compris ta propre boucle de l'habitude, tout devient plus clair. C'est comme avoir une carte pour te guider. Et là, tu peux commencer à poser de petites pierres pour changer ton chemin.

Bon, faut pas s'arrêter là – non, non. Prenons tout ça et mettons-le en pratique pour changer ces habitudes qui plombent ton quotidien. Une habitude à la fois. Mets-toi en mode **détection**, trouve cet indice, devine la récompense. Et si t'es malin, tu trouveras une nouvelle routine qui fonctionne mieux pour toi.

On n'est pas encore au bout. Il faut des étapes, de la pratique, une pincée de **patience**.

Tu te rends compte que juste comprendre la boucle, c'est déjà énorme, non ? Y'a plus qu'à !

Briser le cycle des mauvaises habitudes

Allez, parlons sérieusement un moment. **Briser** ces sales habitudes, ça sonne bien, non ? Mais ce n'est pas toujours aussi simple. En fait, c'est comme essayer d'arrêter de te gratter quand ça te démange. Ça demande de l'**effort** et de la patience. Mais tu sais quoi ? C'est faisable. Vraiment.

L'interruption des habitudes. C'est un terme un peu technique mais vachement utile. En gros, tu stoppes net une habitude en reconnaissant le **déclencheur**, ce truc qui te pousse à agir d'une certaine manière. Par exemple, t'as un coup de stress au boulot, tu te jettes sur des chips. Pour rompre ça, il faut que tu notes le moment où cette envie surgit. Respire un coup. Identifie le déclencheur et bam ! Tu tiens ton habitude par la gorge !

C'est simple à dire, hein. Mais pour y arriver, c'est une autre paire de manches, faut casser la **routine**. Et c'est là que la bataille commence : la routine est dure à changer. Sauf si tu la remplaces par quelque chose de bien différent.

Et justement, voyons pourquoi **échanger** une mauvaise habitude contre une bonne est essentiel. Ça ne suffit pas de juste arrêter de faire un truc. Sinon, le vide est là et il est vite rempli par... bah, souvent un autre truc pas top. Tu captes ? Remplis ce vide par quelque chose de positivement addictif, disons comme boire un thé à la place de la clope. Pas fan de thé ? Teste la gym douce ou remplace le grignotage par des fruits. En gros, tu prends cette énergie et tu la rediriges ailleurs. Simple mais difficile, hein ? Mais faisable.

Oh, et un autre truc souvent oublié. Le rôle de l'**auto-compassion**. Pourquoi être sympa avec les autres mais cruel avec toi-même quand tu galères à casser ces habitudes ? Ce n'est pas motivant ! Tu vas tomber, tu vas échouer. Et alors ? Respire. Circulez, y'a rien à voir ! Se planter en essayant de changer, c'est humain. Ouvre ton esprit et dis-toi que c'est cool de faire face à des revers. Pratique un peu de self-love. Ta voix intérieure, là, elle a besoin de soutien, pas de critiques à coups de fouet. Un revers n'est pas une défaite. Juste une **expérience** de plus.

Donc, récapitulons : tu interromps l'habitude, tu saisis ce booster, tu la remplaces par un comportement différent et meilleur. Et puis, tu adoptes la tactique du siècle : la **gentillesse** envers toi-même.

Combiné ensemble, ce mélange peut donner des fruits juteux. Tu changes ta vie une étape à la fois. Promis.

Remplacer les comportements négatifs par des comportements positifs

T'as déjà entendu parler de la **substitution** d'habitude ? C'est super utile, surtout quand tu veux virer des **comportements** qui te pourissent la vie. Au lieu de juste essayer d'arrêter une mauvaise habitude, tu essaies de la remplacer par une bonne. Ça simplifie les choses, parce que notre cerveau n'aime pas le vide, tu vois. Par exemple, si tu arrêtes la clope, tu pourrais remplacer cette habitude par une petite balade ou en mâchant un chewing-gum. Fais plein de petites choses qui détournent ton attention de ta vieille habitude.

Il faut vraiment que les nouvelles habitudes collent à tes **valeurs** et à tes objectifs à long terme. Pourquoi ? Parce que sinon, tu risques de laisser tomber. Disons que t'aimes bien l'écologie ; remplace tes trajets en voiture par le vélo – c'est aligné avec tes valeurs, donc t'auras plus de motivation. Pareil si ton objectif, c'est de perdre du poids : choisir des en-cas sains au lieu des chips, ça te semblera plus logique et il y aura moins de chances que tu abandonnes tout. C'est une sorte de cohésion interne qui rend les choses durables. Mais faut bien réfléchir à ce qui compte vraiment pour toi, histoire de pas te tromper de but.

L'**environnement** joue un rôle clé. Sérieux, change ton espace autour de toi et ça change ta vie. Change la disposition dans ta maison par exemple. Mets des fruits sur la table de la cuisine. Planque les biscuits au fond d'un placard. Prends l'habitude de laisser tes **chaussures** de running bien en vue, comme ça elles t'appellent chaque fois que tu les vois. Simplifie l'accès aux bonnes choses et complique l'accès aux mauvaises, t'as tout à y gagner.

D'ailleurs, y a un truc que j'ai testé, c'est de déplacer mon bureau près d'une fenêtre ; un brin de soleil et la nature dehors, ça change tout. J'te dis, ça booste la **motivation**.

Et vas-y, fais-toi un plan de guerre. Genre t'anticipes tes **tentations** et tu te prépares des réponses. Si tu es tenté de grignoter devant la télé, tu remplaces par une carotte. Pas glamour, mais tu captes l'idée. Essaie d'être compatissant avec toi-même. Oui, faut pas te mettre la pression de trop. Offre-toi des petits encouragements, parle-toi en mode cool.

Voilà, t'as les idées de base. Comment faire simple pour virer les mauvaises habitudes et adopter de nouvelles, en alignant tout avec tes valeurs et en ajustant ton espace de vie. Substituer et aménager, c'est vraiment plus facile qu'on pense. Organise un peu tout ça, petit à petit, et tu verras que ça fonctionne. Aligne tes actions sur ce qui t'inspire et tiens le cap grâce à un **environnement** qui aide plutôt qu'il sabote.

Alors, t'es prêt ? C'est pas gagné d'avance mais avec ces petites stratégies simples, t'as un bon début. Et en plus, c'est plutôt cool à mettre en place quand on y pense. Donc, fais-toi confiance et commence dès maintenant. T'as tout à y **gagner**.

Exercice pratique : Suivi et analyse des habitudes

Vouloir changer une mauvaise **habitude**, c'est comme essayer d'apprivoiser un animal sauvage. Faut pas avoir peur de plonger dedans. Suis ces étapes et découvre comment tu vas faire ça.

- **Identifie** une mauvaise habitude que tu veux changer

C'est quoi cette mauvaise habitude qui te ronge? Chacun a ses propres démons. Peut-être que tu passes trop de temps sur ton

téléphone? Ou alors, tu grignotes des bonbons devant la télé? Prends un moment pour réfléchir à ce que tu veux vraiment changer.

- Note les occurrences de cette habitude sur une semaine, en notant l'heure, le lieu et ton état **émotionnel**

Maintenant, fais gaffe chaque fois que tu retombes dans ton habitude. Essaie de le faire pendant une semaine. Note l'heure, le lieu et ce que tu ressens à ce moment-là. Pas besoin de te prendre la tête — un bloc-notes suffit. Par exemple :

- Mardi, 15h30, au boulot, stressé.
- Jeudi, 21h, chez moi, ennuyé.

- **Analyse** les données pour identifier les schémas dans les déclencheurs et les contextes

Après une semaine d'observation, jette un œil à ce que t'as noté. Peut-être que t'as toujours envie de grignoter quand t'es stressé au boulot ou de vérifier ton téléphone quand t'es ennuyé chez toi. Repère ces schémas. Les déclencheurs se planquent souvent dans les petits détails.

- Détermine le **besoin** ou la récompense sous-jacente que l'habitude comble

Qu'est-ce que tu ressens en comblant cette mauvaise habitude? Un besoin de réconfort, une évasion, une dose de dopamine? Essaie de piger ce qui te pousse vraiment. C'est souvent plus profond qu'on ne le croit. Par exemple, te gaver de télé peut masquer un besoin de divertissement ou d'évasion.

- Réfléchis à des alternatives **positives** qui pourraient satisfaire le même besoin

Tu dois maintenant penser à des activités qui pourraient combler le même besoin, mais sans être nuisibles. Si c'est le stress qui te fait craquer, essaye des étirements ou une petite balade. Si t'es juste ennuyé, trouve un hobby — comme la lecture ou le dessin. N'hésite pas à être créatif !

• Crée un plan d'**action** pour mettre en place le comportement alternatif choisi

Décide comment et quand tu comptes mettre en place ce changement. Par exemple :

- Chaque fois que je sens l'envie de vérifier mon téléphone par ennui, je sortirai faire une balade de 10 minutes.
- Si je suis stressé au boulot, je fais quelques exercices de respiration pendant 5 minutes.

• Suis tes **progrès** et ajuste le plan si nécessaire au cours du mois suivant

Te voilà prêt à commencer ton plan d'action. Et n'oublie pas de suivre tes progrès. À la fin de chaque semaine, évalue comment ça s'est passé. Parfois, tu devras faire des ajustements car rien n'est gravé dans la pierre. Peut-être ajouter une autre activité si la première ne fonctionne pas aussi bien que prévu.

Changer une mauvaise habitude, c'est comme gravir une montagne. Impossible sans courage et persévérance. Crois en toi, suis ces étapes et tu verras que le chemin devient peu à peu plus facile. Allez, à toi de jouer!

En conclusion

Dans ce chapitre, tu as exploré des éléments **essentiels** pour identifier et surmonter les mauvaises **habitudes**. Il est crucial de comprendre comment ces **comportements** nuisibles fonctionnent et d'appliquer des stratégies pour les remplacer par des habitudes positives. Voici un récap des points clés :

Les mauvaises habitudes peuvent freiner ton **progrès** et nuire à tes objectifs à long terme. La **conscience** de soi est primordiale pour repérer ces habitudes et piger leurs déclencheurs. Le "boucle de l'habitude" comprend des signaux, une routine et des récompenses qui renforcent le comportement. Casser les mauvais **automatismes** et les remplacer par des alternatives positives est essentiel pour un **changement** durable. L'auto-compassion est importante pendant le processus de changement car elle t'aide à surmonter les échecs sans baisser les bras.

En mettant en pratique ce que tu as appris dans ce chapitre, tu peux commencer à modifier tes habitudes néfastes et à adopter des comportements qui t'aideront à atteindre tes objectifs. Sois patient et persévérant; chaque petit pas compte et te rapproche de tes ambitions. Tu as le pouvoir de faire une grande différence dans ta vie !

Chapitre 4 : Résister efficacement aux tentations

Tu te demandes sûrement chaque jour : "Pourquoi est-ce si **difficile** de dire non à ces envies soudaines ?" T'inquiète, j'ai été là aussi, assis devant un paquet de **biscuits**, tout en sachant que ce n'était pas une bonne idée.

Mais on va changer ça. Imagine pouvoir **reconnaître** les petits pièges du quotidien sans flancher. Dans ce chapitre, je vais te montrer comment faire. Tu vas apprendre à **maîtriser** tes impulsions, comme un athlète qui refuse de tricher. Je vais te filer des astuces simples pour retarder ces **gratifications** immédiates, comme un jeu de patience où tu es le boss.

Ce chapitre va aussi te guider sur comment organiser ton **environnement** pour rendre ces tentations moins alléchantes. Tu seras comme un architecte, construisant ton espace pour éviter les embûches.

Enfin, imagine-toi dans une situation **tentante**, avec un plan d'action clair, te sentant prêt à y faire face et à **résister**. C'est ce que tu vas expérimenter avec l'exercice pratique d'exposition à la tentation.

Ce sera un petit voyage pour apprendre et pratiquer. Et crois-moi, ça vaudra largement plus que ces biscuits !

Comprendre la nature des tentations

Tu te demandes sûrement pourquoi on **cède** si facilement aux tentations, pas vrai ? Allez, on décortique tout ça ensemble.

Les tentations, c'est avant tout une histoire de **psychologie**. On a tous cette faiblesse face à des trucs qui nous attirent, même si au fond, on sait que c'est pas top pour nous. C'est notre cerveau qui nous joue des tours. Il cherche souvent le kif immédiat plutôt que de penser aux conséquences à long terme. Un peu comme quand tu préfères mater Netflix au lieu de bosser sur ce gros **projet**.

En parlant de cerveau, la **dopamine** joue un rôle clé dans ce délire. C'est comme une récompense naturelle. Chaque fois que tu fais un truc sympa, genre bouffer du chocolat ou gagner à un jeu, ton cerveau balance un peu de dopamine. Ça renforce cette action, ce comportement. Plus tu ressens cette "récompense", plus t'as envie de remettre ça. Bref, la dopamine fait que nos tentations deviennent carrément **irrésistibles** et dures à ignorer. C'est pour ça que, même si tu sais que finir ce pot de glace entier c'est pas ouf, tu le fais quand même.

Maintenant, comment repérer ces **déclencheurs** persos et ces schémas de vulnérabilité ? Tout le monde a ses propres faiblesses. Pour certains, ce sera la bouffe qui les attire. Pour d'autres, les écrans. Un bon plan, c'est de noter chaque fois que tu sens cette envie de ouf de céder à une tentation. C'est souvent des moments spécifiques, des endroits précis ou même des **émotions** particulières qui déclenchent tout ça. Peut-être que chaque fois que t'es stressé, t'as envie de grignoter ou que les soirées solo te poussent à trop mater des séries. Faut être un peu attentif et observer tes propres habitudes.

Pour les identifier clairement :

- Pose-toi et réfléchis aux moments où tu craques le plus souvent.

- Note les émotions que tu ressens juste avant ces moments-là.

- Observe ce qui se passe autour de toi quand ces tentations débarquent.

Avant de passer au rôle vraiment sérieux de la dopamine, en gros, notre cerveau kiffe les récompenses immédiates. Si t'arrives à repérer ces déclencheurs et à piger d'où viennent tes tentations, tu peux commencer à trouver des façons de les contourner ou de les neutraliser. Des fois, il suffit de créer de nouvelles **habitudes**. Comme remplacer cette glace par une balade dehors quand t'es stressé. C'est une façon de berner ton cerveau et de créer de nouvelles, meilleures, réponses à ces déclencheurs.

Par exemple, si tu sais que les moments de solitude te rendent vulnérable, trouve des activités ou des hobbies qui te plaisent et te distraient. Des trucs simples : un bouquin captivant, des puzzles, ou même une petite séance de méditation. C'est tout un taf de reprogrammation. On peut même dire que c'est un petit jeu de stratégies pour embobiner son cerveau.

Et pour pas juste en parler, mais pour vraiment agir : dès que t'auras identifié ce déclencheur, remplace progressivement les mauvaises habitudes par des meilleurs comportements. Doucement... Sûrement... Tu vas finir par les **dompter**, ces tentations !

Stratégies pour le contrôle des impulsions

Tu connais sûrement cette **petite voix** qui te chuchote d'acheter un chocolat alors que tu essaies de manger plus sainement. C'est là qu'interviennent les intentions de mise en œuvre. En gros, c'est un plan que tu prépares à l'avance pour tes **actions futures**. Par exemple : "Si je suis tenté de manger un truc sucré, je bois un verre d'eau à la place." En anticipant les situations où tu risques d'être tenté, tu te donnes un moyen concret de gérer ces moments-là.

Ces intentions sont super pratiques. Plutôt que de lutter contre tes envies impulsives quand elles surgissent, t'as déjà un plan tout prêt. C'est comme si tu préparais tes **baskets** la veille pour ton jogging. Tu réduis la résistance au changement en facilitant un peu les choses à l'avance.

Pour élaborer ces intentions, faut être conscient de soi-même. Développer cette **auto-conscience** est crucial pour repérer rapidement les envies impulsives. Essaie d'observer comment et quand elles se pointent. Note-les si besoin ; repère les moments où t'es le plus susceptible de craquer. Genre... "Tiens, chaque aprèm vers 15h, surtout quand je suis stressé au boulot..."

Tu vas sûrement remarquer des schémas. Plus t'es conscient, mieux tu peux te préparer. Une fois que t'as repéré ces moments critiques, tu peux les anticiper. Et là, tes intentions de mise en œuvre entrent en jeu – tu sais quoi faire au lieu de simplement céder.

Passons maintenant au "**surf sur les envies**". Cette technique est géniale. Au lieu de repousser ou nier ta tentation, tu la traverses, comme si tu surfais sur une vague. Tu prends un moment pour te concentrer sur ton envie.

Comment ça marche ? Quand tu sens une **pulsion** arriver, fais une pause. Ressens-la pleinement – c'est ton corps et ton esprit qui s'expriment. Puis, imagine-la comme une vague. Observe comment elle monte, grandit... et finit par diminuer, comme toutes les vagues. Respire profondément. Expire lentement. Continue de "surfer" en suivant l'envie, sans y réagir.

Au début, c'est pas évident. On a tendance à se dire "Allez, juste pour aujourd'hui." Mais plus tu pratiques cette technique, plus tu réalises que les envies ne sont pas éternelles. Elles finissent toujours par passer...

Et voilà. Trois techniques, simples mais efficaces. Les intentions de mise en œuvre te préparent à anticiper. L'auto-conscience te permet de reconnaître les envies. Et le surf sur les envies t'aide à affronter directement les **tentations**. Avec ces petites astuces, gérer tes impulsions devient moins stressant. C'est pas toujours facile, mais c'est nettement plus faisable. Accroche-toi et sois **patient** avec toi-même – c'est tout un processus !

Techniques de gratification différée

Tu sais, l'**actualisation temporelle**, c'est tout bête. C'est quand tu dois choisir entre une récompense immédiate et une plus grosse plus tard. Genre, deux biscuits maintenant ou une **méga glace** dans une heure. Notre cerveau kiffe les trucs immédiats, mais souvent, l'option qui demande d'attendre est bien plus cool sur le long terme.

Pour résister aux **récompenses** immédiates, essaie de les recadrer. Mettons que t'as envie d'une sucrerie. Au lieu de penser juste au kif instantané, réfléchis aux conséquences sur ta santé demain. C'est comme remplacer une pensée sympa par une un peu dure mais vraie. Tu te dis : "Ouais, c'est bon maintenant, mais ça vaut le coup quand je vais monter sur la balance ?" Bref, pense aux effets à long terme. Parfois, il suffit de quelques secondes pour se poser la question avant d'agir.

Parlons **visualisation** maintenant. C'est super simple mais efficace. Pense à "ton futur toi". Ferme les yeux et imagine-toi plus tard, après avoir résisté aux petites tentations. Prends dix minutes chaque matin pour visualiser où tu veux être après avoir repoussé les petites récompenses immédiates. Par exemple, imagine-toi à la fin de l'année, avec plein de petites victoires accumulées. C'est puissant parce que ton cerveau va déjà ressentir une partie de ces émotions futures, te donnant un coup de boost pour tenir le coup.

Tout ça rejoint l'idée d'avoir un bon **discours interne**. Au lieu de te répéter que tu veux cette mauvaise habitude tout de suite, change ton discours ; dis-toi que tu bosses pour une récompense bien plus cool. Dis-toi que tu ne rates pas un truc maintenant, mais que tu gagnes quelque chose de mieux. Tes pensées influencent directement tes **comportements**, et si tu les prépares bien avec des astuces positives, tu vas mieux résister.

Allez, on récapitule. L'actualisation temporelle nous embête souvent parce qu'on adore les **gratifications** instantanées. Mais en recadrant ces envies immédiates avec une bonne prise de conscience des résultats futurs, et en utilisant la technique de visualisation, tu peux progressivement renforcer ton muscle de la **gratification différée**. Sympa, non ? Bon courage pour dire au revoir à ces petites tentations qui, au final, n'en valent pas la peine !

Conception environnementale pour la résistance à la tentation

Parlons de l'**architecture** des choix - c'est un concept qui pourrait vraiment t'aider à résister aux tentations. En gros, il s'agit de structurer ton **environnement** pour réduire le nombre de choix tentants auxquels tu es exposé. Moins de tentations, moins de risques de craquer. Simple, non ?

Imagine ton placard de cuisine rempli de cochonneries. Chaque fois que tu l'ouvres, bam ! Bonbons, chips, toutes ces choses que tu sais ne pas être bonnes pour toi. Si tu reconfigures ton placard et remplaces ces friandises par des **collations** saines - pommes, noix, yaourt grec - tu renforces tes chances de faire des choix plus sains sans trop y penser.

Maintenant, réfléchis à ton espace numérique. Les réseaux sociaux, les applis de shopping en ligne, les plateformes de streaming... tout ça peut te conduire à la tentation. Tu pourrais t'occuper de tes emails importants mais te voilà à scroller sur Insta ou à binge-watcher sur Netflix. Tu peux organiser ton espace numérique pour moins de **distractions**. Supprime les notifs, repousse les applis tentantes sur une autre page de ton écran d'accueil pour les rendre moins accessibles.

Et puis, il y a cette idée : loin des yeux, loin du cœur. Ça marche vraiment. Si tu planques les biscuits dans un placard haut, tu les grignoteras moins souvent. Par contre, s'ils sont juste sur le comptoir, disons que ça devient plus galère de résister. Pareil avec les trucs numériques - garde-les hors de vue. Mets ton téléphone en mode "ne pas déranger" quand tu dois te concentrer.

Un autre truc : mets les objets tentants hors d'atteinte. Si tu galères avec les jeux vidéo, planque la console chez un pote. Si tu luttes avec le shopping, désinstalle les applis de e-commerce. Ces petites actions peuvent vraiment faire une grosse diff.

Pense aussi à créer des **espaces** spécifiques pour tes activités autodisciplinées. Un coin lecture sans distractions, un bureau dégagé sans gadgets superflus... parfois, le changement d'environnement peut déjà faire des miracles pour ta discipline perso.

Pour finir, raconte-toi une petite histoire. Imagine que tu sois Stan le sportif déterminé. Son chemin vers un mode de vie sain serait jonché de sucres et de procrastination, non ? Et s'il organisait sa baraque autour de ses **objectifs** ? Magie ! Le frigo est plein de légumes, ses équipements de sport sont faciles d'accès, et les fiches de motivation tapissent le mur. Pas étonnant que ce mec reste sur la bonne voie !

Allez, toi aussi tu peux réarranger ton environnement pour y favoriser les bons choix. Ne cherche pas la perfection. Commence par petits pas et ajuste ton espace au fur et à mesure. Bref, à chaque coin de ton quotidien - tant physique que numérique - configure-le pour qu'il t'aide et non l'inverse. J'espère que ça t'a donné quelques idées sympas pour ta propre **maison**.

Parfois, il s'agit juste de petits ajustements... et tu seras mieux armé pour éviter toutes ces **tentations** tout autour de toi.

Exercice pratique : Exposition à la tentation et prévention de la réponse

Allez, c'est parti !

Commence par **identifier** une tentation spécifique à laquelle tu veux résister. Ça peut être ce **gâteau** au chocolat qui te fait de l'œil dans le frigo ou cette envie de consulter tes réseaux sociaux pendant que tu bosses. L'essentiel, c'est que tu saches exactement ce que c'est.

Ensuite, crée un **environnement** contrôlé où tu t'exposes à la tentation. Ça peut sembler fou, mais c'est le but ! Par exemple, laisse ce gâteau bien en vue sur la table au lieu de le planquer. Ou ouvre ton appli de réseau social et pose ton téléphone devant toi sans y toucher. L'idée, c'est de te confronter à cette tentation tout en gardant le contrôle.

Maintenant, observe attentivement tes **pensées** et sensations physiques sans agir. C'est là que ça devient sérieux. Remarque comment ton cœur s'emballe quand tu vois ce gâteau. Ou ces idées bizarres du genre "allez, je mérite bien un petit morceau". Ne fais rien. Observe juste. Comme si tu étais spectateur de tes propres pensées. Pas facile, hein ?

Quand l'envie devient trop forte, utilise des techniques de **respiration** profonde ou de distraction. Inspire à fond, expire lentement. Répète. Ou alors, distrais-toi. Prends un bouquin, fais des pompes, peu importe - quelque chose qui t'occupe l'esprit un moment. Ça aide vraiment à court-circuiter cette envie pressante.

Au fil des séances, augmente progressivement le temps d'**exposition**. Commence par quelques minutes, puis passe à cinq, dix, et ainsi de suite. Tu verras que ta tolérance augmente, comme pour n'importe quel entraînement.

N'oublie pas de noter tes **expériences** et les stratégies qui marchent le mieux pour toi. Tiens un journal. Note ce que tu ressens, ce qui fonctionne ou pas. Qu'est-ce qui t'aide le plus ? La respiration, la distraction, ou simplement le fait d'accepter l'envie ? Garde une trace écrite, ça rend les progrès plus visibles.

Enfin, prends le temps de réfléchir à tes **progrès** et ajuste ton approche si nécessaire. On n'est jamais parfait du premier coup. Se réévaluer et faire des ajustements, c'est normal. Parfois, un petit changement dans ta stratégie fait toute la différence. Alors, fais le point régulièrement et adapte-toi.

C'est vraiment un travail sur soi-même. Tu peux être fier de tenir, même un tout petit peu. Ça montre que tu as envie de changer. Petit à petit, ces choses-là prennent forme. Bravo à toi ! Allez, courage... un pas après l'autre.

En Conclusion

Dans ce chapitre, tu as appris comment **résister** efficacement aux tentations. Comprendre comment ton cerveau réagit et comment mettre en place des **stratégies** concrètes peut vraiment t'aider à gérer les tentations. Jetons un coup d'œil aux points clés ensemble pour que tu sois prêt à appliquer ces astuces dans ta vie de tous les jours.

Tu as découvert :

• Pourquoi les tentations nous attirent tant : le rôle de la **dopamine**

- Les déclencheurs personnels : comment les identifier pour mieux les gérer

- La technique du "surfing des envies" : pour surmonter les moments difficiles

- L'importance de repenser les **gratifications** immédiates : en regardant vers l'avenir

- Créer un environnement protecteur : "loin des yeux, loin du cœur" fonctionne vraiment

Chaque point de ce chapitre te fournit des outils précieux pour mieux comprendre et résister aux **tentations**. En appliquant ce que tu as lu, tu t'assures de progresser vers une vie plus **équilibrée** et maîtrisée. Allez, mets en pratique ces conseils et observe à quel point ils peuvent **transformer** ton quotidien ! Tu es capable de grandes choses !

N'hésite pas à te lancer et à tester ces **techniques**. Plus tu les utiliseras, plus elles deviendront naturelles. Rappelle-toi que chaque petit pas compte et que tu es sur la bonne voie pour atteindre tes **objectifs**. Fais-toi confiance et garde à l'esprit que la persévérance est la clé du succès !

Chapitre 5 : Définition et réalisation des objectifs

T'es-tu déjà demandé pourquoi certains **atteignent** toujours leurs rêves pendant que d'autres font du sur-place ? Moi aussi, je me le suis longtemps demandé. Ici, on parle de **changements**. Pas des petits ajustements, non, mais des transformations profondes qui peuvent littéralement changer ta vision des choses.

Imagine... Tu as des **objectifs**, mais ils semblent tellement loin, intangibles. Dans ce chapitre, je t'emmène parcourir une route fascinante... une route où tu vas clarifier tes **idéaux**, et les ancrer profondément dans ce que tu es vraiment. C'est plus qu'une simple prise de notes sur des buts, c'est une vérité personnelle à découvrir. Ensemble, on va simplifier les grandes **ambitions** en étapes simples et concrètes. Ça te surprend, non ? Mais attends... on va aussi aborder comment surmonter les **obstacles** qui te paraissent parfois des montagnes.

Ce que j'adore le plus ? La partie pratique où tu crées ton propre **plan**. Tu verras, c'est comme dessiner une carte au trésor, mais la destination, c'est bien toi-même. Allez, on plonge ensemble dans cette quête de nos **buts**, t'es partant ? Parce que moi, je le suis, et je suis là avec toi.

Cadre d'Objectifs SMART

L'importance d'être **spécifique** quand tu fixes des objectifs, c'est qu'ils deviennent plus clairs. Mets-toi bien ça dans la tête : si tu te dis juste "je veux être en meilleure forme," c'est un peu flou. Mais si tu remplaces ça par "je veux courir 5 km en 30 minutes trois fois par semaine," c'est bien plus précis. Pourquoi ça marche ? Parce que notre cerveau adore les détails. Plus tu précises un objectif, plus c'est motivant. Tu sais exactement ce que tu veux atteindre, alors c'est plus facile de t'y mettre.

Avoir des objectifs ultra-précis, ça garde ton esprit concentré. Imagine que t'es en montagne sans sentier et que tu veux juste "aller en haut" - tu peux finir par te paumer. Par contre, si tu suis un chemin bien balisé, chaque pas te rapproche de ton but.

Ensuite, fixe-toi des objectifs **mesurables**. C'est comme mettre des repères sur ta carte. Sans ça, tu laisses ton délai ouvert et tu perds de vue tes succès. Par exemple, si ton objectif est "perdre du poids," opte plutôt pour "perdre 5 kilos en deux mois." Là, c'est clair, et à chaque kilo perdu, tu vois ton progrès. Tu peux même te taper dans le dos à chaque étape, et ça booste ta motivation.

Maintenant, une petite technique bien cool : la **planification** à rebours. Disons que ton but est de lire 12 bouquins en un an. Tu découpes cet objectif en petites étapes et tu planifies à partir de la fin. Fixe-toi d'abord la date limite, puis remonte le temps pour voir combien de livres tu dois lire par mois, par semaine. C'est plus gérable et ça rend les grandes tâches moins flippantes. Comme courir un marathon. Personne ne commence par se taper 42 bornes. Ça commence par des petites courses, un mètre après l'autre.

Pense à chaque objectif comme un **puzzle**. La grande image est un peu écrasante si tu penses à tout d'un coup. Mais si tu prends pièce par pièce, en commençant par les bords, hop ! Ça devient faisable. La planification en étapes, ça t'aide à trouver chaque coin et bord - c'est exactement comme assembler les petits morceaux vers un objectif grand et satisfaisant.

En parlant de réalisme et de temps, il faut se rappeler que les objectifs sont meilleurs quand ils sont limités dans le temps.

Imposer une **échéance** donne un vrai coup de boost. Comme quand tu sais que ta série télé préférée se termine dans une heure, alors tu te dépêches de finir ce que tu fais. Souvent, on pense avoir des années pour faire un truc, mais donner à ton cerveau une deadline, ça fait toute la diff. Imagine que t'as une deadline serrée, et chaque jour devient précieux.

Allez, on récapitule le tout. Sois spécifique : choisis des détails pour guider tes pas. Mesure ton **progrès** : célèbre chaque succès, petit ou grand. Planifie en arrière : découpe tes grands objectifs en petites étapes. Et colle une date d'expiration : ça booste la **motivation**. Utiliser ce cadre d'objectifs **SMART**, c'est comme avoir un GPS pour tes rêves, et franchement... ça déchire !

Aligner les objectifs avec les valeurs personnelles

Parlons du concept de définir des **objectifs** basés sur les valeurs. En fait, c'est assez simple et logique quand tu y penses. Quand tes objectifs sont vraiment en phase avec ce que tu valorises profondément, c'est comme si tu avais une **motivation** qui vient de l'intérieur. Pas besoin de te forcer, ça coule de source. Tu vois, c'est beaucoup plus facile de rester motivé et de persévérer dans des moments difficiles quand tu sais que ce que tu fais a un sens profond pour toi.

Alors, comment faire ? D'abord, il faut savoir quelles sont tes **valeurs**. Fais comme si tu faisais un genre de petit sondage interne. Parmi ces valeurs, lesquelles sont les plus fortes ? C'est important de prendre le temps de réfléchir à ça, même si ça prend plusieurs jours. Pense aux moments où tu as ressenti le plus de fierté, de satisfaction, ou de joie ; souvent, ces moments nous révèlent ce qui est vraiment important pour nous.

Un truc pratique, c'est d'écrire ces valeurs sur du papier. Fais une liste de ces valeurs. Une fois que tu les as sous les yeux, essaie de voir si une tendance se dessine. Peut-être es-tu attiré par la justice, l'indépendance, la famille, la **créativité**, ou l'aventure. Quel que soit le cas, l'important c'est de capter ces grandes lignes.

Maintenant, entrons dans le vif du sujet : la "matrice d'alignement valeurs-objectifs". Ça peut sembler technique, mais c'est en fait super pratique. Prends la liste de tes objectifs et celle de tes valeurs. Et essaie de voir si chaque objectif correspond vraiment à une ou plusieurs valeurs. C'est surtout important pour éviter de favoriser des objectifs qui ne sont pas alignés avec ce que tu ressens vraiment. Imagine mettre beaucoup d'efforts pour atteindre quelque chose et, à la fin, ressentir une espèce de vide parce que ça ne colle pas du tout avec ce que tu valorises le plus. Frustrant, non ?

Voici comment faire :

• Liste tes objectifs - tous même les plus petits.

• Liste tes valeurs, celles dont on a parlé.

• Fais un tableau avec tes objectifs dans une colonne et tes valeurs dans une autre.

• Associe chaque objectif à une ou plusieurs valeurs.

C'est comme une carte routière pour tes **projets**. Si tu as un objectif qui ne semble pas vraiment être en phase avec tes valeurs, réfléchis si ça vaut le coup de continuer à y investir du temps et de l'énergie. Peut-être peux-tu modifier cet objectif pour mieux l'aligner ou simplement le laisser tomber pour éviter de te retrouver sur un chemin qui ne mène à rien de plaisant.

En gros, en prenant un peu de temps pour aligner exactement ce que tu veux atteindre avec ce qui importe vraiment pour toi, tu mets toutes les chances de ton côté pour **réussir**. Tu crées un cercle vertueux : plus tu atteins des objectifs qui correspondent à tes valeurs, plus tu te sens satisfait et motivé pour continuer sur cette voie. C'est presque magique !

Voilà, avec ça tu as de quoi partir sur de bonnes bases pour définir des objectifs qui vont vraiment te **motiver** sur le long terme, tout en restant fidèle à ce qui fait de toi... toi !

Décomposer les objectifs à long terme en étapes réalisables

On parle souvent de ces grandes **ambitions** qu'on a tous. Les **objectifs** dont tu rêves d'atteindre – courir un marathon, lancer ta propre entreprise, ou apprendre une nouvelle langue. Mais voilà, ce sont des rêves, et sans une méthode concrète pour les réaliser, ça peut rester des visions floues dans ta tête. Pas de panique, on va surtout parler de comment structurer ça pour avancer concrètement.

D'abord, il y a ce truc qu'on appelle les hiérarchies d'objectifs. Imagine une **pyramide**. Au sommet, t'as l'objectif principal, le gros rêve. Puis, en descendant, ça se divise en sous-objectifs, de plus en plus petits et précis. C'est une manière de rendre l'objectif clair, de structurer tes efforts pour y arriver. Chaque niveau de la pyramide représente un palier franchi sur le chemin.

Parlons maintenant de la création d'une structure de décomposition des objectifs. Imagine que tu écris ton objectif tout en bas d'une pyramide inversée. Commence par diviser cet objectif en grandes étapes. Par exemple, si ton but est de courir un marathon, une grande étape pourrait être de suivre un programme d'entraînement pendant six mois. Ensuite, chacune de ces grandes étapes doit être divisée encore et encore, jusqu'à obtenir des tâches très concrètes que tu peux accomplir au quotidien ou chaque semaine.

Un autre outil utile, c'est le fameux "**sprint** de 90 jours". Qu'est-ce que ça veut dire exactement ? Imagine que tu fractionnes ton année en quatre périodes de 90 jours, et que chaque période devienne un sprint où tu te concentres intensément sur une partie de ton objectif à long terme. C'est un laps de temps assez long pour faire des progrès significatifs, mais suffisamment court pour rester motivé et voir la lumière au bout du tunnel. Ça passe vite, trois mois... prépare une liste de tâches spécifiques, des choses faisables dans cette période.

Par exemple, évite de te dire en janvier : "Je vais courir un **marathon** en octobre". C'est vague, on oublie vite. En "mars-avril-mai", bosse seulement sur l'endurance de base. En "juin-juillet-août", travaille sur des distances progressivement longues. Septembre et octobre, concentre-toi sur les allures et le rythme de course. Tu te vois avancer, palpablement – ça booste ta **motivation** naturellement !

Ces petites **victoires** vont t'aider à maintenir le cap et gonfler ta confiance en toi. Et ce qui est bien avec tout ça, c'est que tu restes flexible. Les choses dans la vie changent et tes plans pourront être ajustés en conséquence, sans que tu ne perdes jamais de vue ton grand rêve perché tout là-haut. C'est comme assembler un puzzle. Pièce par pièce, le tableau se dévoile.

Alors, tu essaies ces méthodes, tu restes motivé et tu avances petit à petit. Bref, tu te prépares pour de grands moments sans te sentir submergé. C'est une méthode pour naviguer entre rêve et réalité de manière cool et une collection de petites victoires. Pas à pas, et toujours en savourant chaque petite avancée. Pas mal, hein ?

Surmonter les obstacles dans la poursuite des objectifs

Penser à tout ce qui pourrait se mettre en travers de ton chemin... Ouais, on parle bien des **obstacles**. C'est crucial quand tu te fixes des **objectifs**. Pourquoi ? Parce que t'es mieux préparé, et surtout, t'évites la grosse chute de moral quand un truc ne se passe pas comme prévu. Anticiper les obstacles potentiels, c'est comme te donner une longueur d'avance dans cette course qu'est la vie.

Imagine. T'as un but bien précis en tête et tu fonces. Mais, paf ! Un imprévu. Si t'as pas réfléchi à ce genre de trucs avant, tu perds du temps à te remettre les idées en place. En anticipant, tu sais déjà comment réagir et ça change tout. C'est un peu comme avoir une carte avant de partir en rando. C'est pas juste une précaution, c'est une vraie stratégie.

Alors, comment tu fais pour anticiper ? Simple. Prends un moment pour imaginer tout ce qui pourrait poser problème. Besoin de plus de temps pour **étudier** alors que tu bosses déjà à temps plein ? Problème d'organisation ou manque de **motivation** certains jours ? Note tout ça. Ça te permet de visualiser et de mieux te préparer.

Mais bon, même avec les meilleures prévisions, les imprévus arrivent toujours. D'où l'importance d'avoir des plans de secours. Un peu comme un plan B. Si t'avais prévu d'aller à la salle de sport mais qu'elle est fermée, t'as peut-être une solution alternative genre faire quelques exercices à la maison. Réfléchis aux défis courants et trouve des solutions de rechange pour chacun d'eux.

Et si t'as besoin d'un truc plus structuré, la **planification** si-alors, c'est parfait. En gros, si telle chose se passe, alors je fais ça. "Si je suis coincé dans les bouchons, alors j'écoute un podcast motivant." "Si je me sens trop crevé pour m'entraîner, alors je fais des étirements." Tu te crées des réponses automatiques aux obstacles potentiels. Plus besoin de gamberger sur le moment, et tu gardes ton objectif en vue.

Fais des **simulations** mentales. Imagine les obstacles et réfléchis. "Si je loupe mon réveil..." qu'est-ce que je fais ? Peut-être préparer tes affaires la veille pour être plus rapide le matin ? Vois ce qui te convient le mieux.

Enfin, c'est aussi important de garder ton objectif principal bien en tête. Réfléchis à pourquoi tu t'es lancé dans cette aventure. Garder ce "pourquoi" à l'esprit aide à surmonter pas mal de galères. Si t'avais déjà baissé les bras par le passé, pense à ce que tu feras différemment cette fois-ci. Boucle la boucle en tirant des leçons de tes expériences.

Et, te prends pas la tête si quelque chose ne marche pas du premier coup. L'essentiel, c'est de te relever et de réessayer avec une approche différente.

Alors voilà. Anticipe, prépare tes plans de secours et utilise la planification si-alors. Comme ça, ce qui semblait insurmontable peut devenir juste un petit obstacle passager. Pas compliqué, hein ? Adopte ces **habitudes** et tes objectifs auront plus de chances de devenir des **réalités** concrètes, sans trop de prise de tête.

Exercice pratique : Créer une feuille de route pour un objectif personnel

Choisis un **objectif** long terme qui te tient vraiment à cœur. Peut-être que c'est courir un marathon, apprendre une nouvelle langue, ou lancer ta propre boîte. Quelque chose qui t'emballe et qui te pousse hors de ta zone de confort. Une fois cet objectif en tête, il faut le découper en petits jalons mesurables. C'est comme grimper un escalier, une marche à la fois.

Imaginons que ton objectif soit de courir ce **marathon**. Le marathon, c'est le sommet de ta montagne. On va y aller étape par étape. D'abord, commence par courir 5 kilomètres sans t'arrêter. Ensuite, 10 kilomètres. En fait, il faut continuer à ajouter des petites distances jusqu'à ce que 42 kilomètres ne te paraissent plus une montagne insurmontable.

Une fois tes jalons définis, établis un **calendrier** en travaillant à rebours à partir de l'objectif final. Si tu vises ce marathon dans un an, prends un bon vieux crayon et un calendrier, puis divise le temps en segments. Par exemple, deux mois pour bosser jusqu'à 5 kilomètres, trois mois de plus pour atteindre 10 kilomètres et ainsi de suite. Ça rendra ton grand objectif beaucoup plus gérable.

Ensuite, c'est hyper important d'identifier les **obstacles** potentiels pour chaque jalon. Peut-être que ton emploi du temps est déjà blindé, ou que l'hiver arrive et tu sais que tu détestes courir dans le froid. Prépare des plans B. Comme trouver un pote de course pour rester motivé, ou t'inscrire à une salle de sport avec un tapis roulant. Pas de plan top secret ici, juste des options réalistes.

Établis une liste d'actions spécifiques pour chaque jalon. Pour ce fameux marathon, commence par des sorties en course trois fois par semaine, avec une session plus longue le week-end. N'oublie pas les séances d'étirement et un bon échauffement ! Bien manger joue aussi un rôle clé. Tout compte dans l'atteinte de ce grand objectif.

Fixe des **dates** limites à chaque action pour garder le rythme et la motivation. C'est vrai, sans des dates fixes, c'est comme construire un pont sans pilier. Plutôt bancal, non ? Si ton premier jalon est de courir 5 kilomètres en deux mois, fais un plan hebdomadaire concret.

Pour garder cette feuille de route bien en tête, crée une représentation **visuelle**. Un grand tableau que tu vois tous les jours, ou une appli sur ton téléphone. Ces visuels t'aident à suivre tes progrès. Chaque petit succès sera comme un sticker sur cette feuille de route.

Programme des vérifications régulières pour revoir et ajuster ta feuille de route si nécessaire. Les choses changent et les défis surgissent. Une petite pause chaque mois pour faire le point t'aidera à rester sur la bonne voie. Ne panique pas à chaque petit écart. Les

ajustements te permettent de rendre ce voyage plus flexible et moins rigide.

Ces étapes pratiques sont là pour rendre la montée vers ton objectif plus douce et moins intimidante. Elles t'aident à structurer tes espoirs et à transformer tes rêves en une réalité palpable, sans auto-sabotage. Allez, choisis ton **sommet** et commence à gravir ta montagne étape par étape !

En Conclusion

Ce chapitre a été une **boussole** pour te guider dans l'art d'établir et d'atteindre tes **objectifs** personnels. En assimilant les leçons et les outils discutés, tu t'armes des moyens nécessaires pour concrétiser tes **rêves** et tes ambitions. Jetons un coup d'œil rapide à ce que tu as appris.

Tu as découvert l'importance de rendre tes objectifs spécifiques pour une clarté et une **motivation** accrues. Tu as compris pourquoi il est essentiel d'avoir des buts mesurables pour suivre tes progrès. La technique de la "planification rétrograde" t'a été présentée pour t'assurer que tes objectifs sont réalisables dans un délai donné. Tu as aussi appris à aligner tes buts avec tes valeurs personnelles pour plus de motivation intrinsèque. Enfin, tu as vu les étapes concrètes pour transformer tes objectifs à long terme en **actions** réalisables à court terme.

Pour conclure, n'oublie pas que mettre en pratique ce que tu as appris dans ce chapitre peut **transformer** ta façon d'aborder tes aspirations. Utilise ces outils puissants pour fixer des jalons solides sur ton chemin vers l'**excellence** et atteins les sommets dont tu rêves ! Fonce, et fais de tes ambitions une réalité !

Chapitre 6 : La gestion du temps pour l'autodiscipline

T'es-tu déjà senti comme si le **temps** filait entre tes doigts ? Moi aussi. Parfois, je me surprends à me demander où est passée toute ma journée. Dans ce chapitre, tu découvriras comment transformer ta perception du temps et ta capacité à en tirer le meilleur parti.

Quand j'ai commencé à chercher des solutions, j'ai compris un truc essentiel : il ne s'agit pas de bosser plus, mais de bosser mieux. Toi qui te sens souvent submergé par les **tâches** et les distractions, ce chapitre va te montrer des techniques pratiques pour reprendre le contrôle.

Avec des méthodes comme la technique **Pomodoro** pour rester concentré, tu vas vite voir des résultats. On va aussi parler des étapes cruciales pour éliminer les voleurs de temps et mettre en place des **routines** quotidiennes efficaces. Imagine pouvoir enfin réaliser toutes ces petites choses importantes sans te sentir épuisé !

Je t'invite aussi à faire un exercice pratique : un **audit** de ton temps et son optimisation. C'est dingue de voir noir sur blanc où ton temps s'envole... et comment tu peux l'améliorer.

Pas besoin d'être un **expert** pour y arriver. En suivant ce guide simple, tu découvriras que mieux gérer ton temps n'est pas si compliqué. Prépare-toi à changer ta **routine** quotidienne et à découvrir un toi plus **efficace** !

Techniques de priorisation

Il est super important de savoir faire la différence entre les tâches **urgentes** et celles qui sont **importantes**. Les tâches urgentes demandent souvent une réponse immédiate, comme répondre à un e-mail ou résoudre un problème technique. Ce sont les pompiers de ton emploi du temps ; toujours là, créant un sentiment de pression. Par contre, les tâches importantes ont un impact durable sur tes objectifs à long terme. Elles contribuent à un vrai progrès, comme planifier une présentation ou travailler sur un projet de longue haleine. Savoir distinguer les deux, c'est comme choisir entre éteindre un feu ou éviter qu'il ne se déclare.

Pour bien gérer ça, la **matrice d'Eisenhower** est vraiment utile. Tu dessines un carré divisé en quatre sections : urgent et important, important mais pas urgent, urgent mais pas important, ni urgent ni important. Comme ça, t'as un aperçu visuel de tes priorités. Mets tes trucs urgents et importants en premier, ce sont eux qui méritent ton attention immédiate. Pour les tâches importantes mais pas urgentes, planifie-les. Plus tu t'en occupes, plus tu te rapprocheras de tes objectifs à long terme. Les urgentes mais pas importantes ? Vois si tu peux les déléguer. Et les trucs ni urgents ni importants ? Ce ne sont que du bruit, élimine-les ou reporte-les indéfiniment.

Mais tu peux aller encore plus loin avec la méthode **"ABC"**. Là, tu classes tes tâches en catégories A, B ou C selon leur impact. Les A sont cruciales et amènent au résultat final. Les B sont importantes, mais si tu ne les fais pas, ce n'est pas la fin du monde. Les C sont moins cruciales, voire banales, souvent sans grandes retombées.

Concentre-toi sur les catégories A, c'est la priorité. Passe beaucoup de temps sur celles-là, et veille à les affronter au début de ta journée quand tu es en pleine forme. Pour les B, occupe-t'en après avoir géré les A. Garde les C pour la fin, quand tu as moins d'énergie.

En bref, bien **prioriser** tes tâches, c'est la clé pour être plus **productif** et atteindre tes objectifs. Ça t'aide à te concentrer sur ce qui compte vraiment et à éviter de perdre du temps sur des trucs moins importants. Alors, mets-toi au boulot et commence à trier tes tâches ! Avec un peu de pratique, tu verras, ça deviendra un jeu d'enfant.

La Technique Pomodoro pour un travail concentré

Gérer ton **temps**, c'est un peu comme donner de l'engrais à ton jardin mental. Ça t'aide à rester **concentré**, surtout quand t'as des trucs importants à faire. Tu te demandes pourquoi ça marche ? Ben, dès que tu structures ton temps, ton cerveau se dit : "Ok, on a une mission, on y va !"

La technique Pomodoro, c'est justement ça. Une manière simple mais super cool de gérer ton temps. Comment ça marche ? Tu prends un **chrono**, tu bosses pendant 25 minutes - c'est ce qu'on appelle un Pomodoro - puis tu fais une pause de 5 minutes. Après quatre Pomodoros, tu prends une pause un peu plus longue. Facile, non ?

C'est bien parce que ça te permet de **travailler** sans te cramer. Tu veux augmenter ta **productivité** ? T'essaies de rester concentré seulement pour une courte période d'abord, et cette pause régulière te permet de maintenir ton énergie. Découpe tes tâches en petits blocs, et tu verras - tu ne finiras plus épuisé.

L'astuce, c'est de préparer ta journée Pomodoro. Voici comment faire :

Tu choisis la tâche que tu veux faire. Tu règles ton chrono sur 25 minutes (il y a plein d'applis pour ça si t'es un peu geek). Tu bosses sur ta tâche jusqu'à ce que le chrono sonne. Tu fais une petite pause de 5 minutes - tu bois un café ou tu regardes un truc sympa sur ton téléphone. Après quatre cycles Pomodoro, tu t'offres une pause plus longue, disons, 20-30 minutes. Tu te promènes, tu t'étires, tu fais ce que tu veux.

Facile à mettre en place et encore plus facile à suivre ! Eau dans le gaz ? On passe à la suite.

La fameuse "règle des 5 minutes" ; celle-là, c'est pour battre cette **flemmardise** qui constitue souvent la plus grande difficulté. Tu vois, parfois, commencer une tâche, c'est comme regarder un sommet de montagne - hyper décourageant. Mais faut se dire, commençons juste cinq minutes. Fais-le, sans te poser de questions. Souvent, ces p'tites cinq minutes deviennent un Pomodoro sans même que tu t'en aperçoives !

Petit truc vécu : j'avais un projet de **rédaction** reporté ad æternum (tu connais ces missions qu'on repousse toujours). J'ai décidé d'appliquer la règle des 5 minutes - j'ouvre le fichier, je tape la première phrase et hop, je suis parti pour une heure. Pourquoi ? Parce que, une fois commencé, ça ne paraît plus si difficile. Et toi, tu sais ce que t'as à faire !

Garde en tête que tout le monde peut trouver ces cinq minutes pour se lancer. Une fois démarré, c'est souvent moins pénible que prévu. Essaie ces outils simples de gestion de temps : la technique Pomodoro pour structurer tes heures, ainsi que la règle des 5 minutes pour te **booster** dès le départ.

Tu te verras progresser, réduire cette anxiété de procrastiner et finalement ressortir avec un sentiment d'accomplissement. Tu formeras petit à petit une discipline de travail qui dès le début semble trop belle pour être vraie, mais reste pourtant super efficace. Une méthode minimaliste qui, avec le temps et la pratique, saura montrer ses bienfaits.

Allez, tu te lances et on en reparle après ton p'tit Pomodoro ?

Éliminer les gaspilleurs de temps

On va parler des **audits de temps**, un concept simple mais puissant. En gros, il s'agit d'examiner ce que tu fais de tes journées. Tu te dis souvent : "Mais où est passé tout ce temps ?" Les audits de temps t'aident à comprendre où file ton **temps**, et bizarrement, c'est souvent pas là où tu crois.

Imagine noter chaque tâche ou activité que tu fais dans une journée sur un bout de papier ou, mieux encore, dans une appli. Au bout de quelques jours, tu verras le nombre de moments où tu ne fais rien d'utile. Peut-être que tu passes des heures à scroller sur les réseaux sociaux "quelques minutes par-ci, par-là," ou que tu te perds dans des discussions au boulot qui, franchement, n'apportent rien. Voilà comment tu repères les **inefficacités**.

Après avoir identifié ces moments où ton temps est gaspillé, il faut savoir comment les réduire.

D'abord, reconnais les activités qui ne servent à rien. Par exemple :

- Réseaux sociaux – Sympa mais souvent de vrais pièges à temps.

- Séries en binge-watching – Ton émission préférée peut attendre.

- Pauses interminables – À quoi bon une pause si elle n'en finit pas ?

- Réunions inutiles – Certaines pourraient être remplacées par un simple mail.

Moins tu passes de temps sur ces trucs-là, plus tu en auras pour les choses qui comptent vraiment. Reprends le contrôle de ces heures précieuses.

Ensuite, il y a la fameuse "**règle des deux minutes.**" Si une tâche prend moins de deux minutes, fais-la tout de suite. C'est simple mais super efficace. Tu règles un truc oublié sur le moment, au lieu de l'ajouter à ta liste de choses à faire, évitant ainsi qu'elle ne devienne une corvée monstre. J'avoue que quand tu accumules plein de petites tâches, elles finissent par bouffer un temps fou.

En bref, faire des audits de temps réguliers t'aide à rester honnête avec toi-même. T'assurer de passer ton temps sur les trucs qui comptent et, comme par magie, t'empêcher de te disperser. Tu te sens déjà plus **productif**, non ?

Concrètement : tu prends ton café, jettes un œil à tes notifs, tu regardes vite fait les activités notées sur ton papier ou ton appli. Fixe une limite stricte pour chaque **tâche**. Par exemple, pas plus de quinze minutes pour lire tes mails le matin. Franchement, tout ce qui dépasse, c'est souvent du superflu. Utilise un **chrono** si besoin. Trimballer une liste de trucs à faire d'un jour à l'autre sans jamais s'en débarrasser, c'est lourd. Fais pas ça. Action ! Deux minutes, pas plus.

Voilà pour commencer. Essaie ces astuces et avant même de t'en rendre compte, tu commenceras à affiner ta **gestion du temps**. Moins de distractions, plus d'objectifs atteints, et c'est ça qui compte, non ?

Créer des routines quotidiennes efficaces

Commencer, c'est souvent la partie la plus **difficile**, non ? Pourtant, des routines matin et soir peuvent vraiment t'aider à bien démarrer. Pourquoi ? Simplement parce qu'elles te donnent une **structure**. Imagine te réveiller avec une sorte de plan. Juste ça peut réduire pas mal de stress.

Alors, comment créer une bonne routine matinale ? Déjà, essaie de te réveiller à la même heure tous les jours. Pas toujours facile, mais ça donne un rythme à ton corps. Boire un grand verre d'eau en premier, c'est pas mal non plus. Ça réveille le corps et c'est bon pour la santé. Ensuite, pense à quelque chose qui te met de bonne **humeur** : une petite séance de méditation, une tasse de café en regardant dehors, ou même une séance de sport. Trouve ce qui marche pour toi.

Passons à la routine du soir. Ici, le but est surtout de préparer une bonne nuit de **sommeil**. Fais en sorte que ta chambre soit un endroit apaisant. Peu de lumière, pas d'écrans juste avant de dormir. C'est utile de faire une petite liste des choses à faire le lendemain. Ça permet de décharger l'esprit. Puis, lire un bouquin ou écouter de la musique douce peut être un excellent moyen de se détendre.

Maintenant, parlons de concevoir des routines adaptées à tes niveaux d'**énergie**. Ça veut dire quoi, exactement ? En gros, identifie quand tu es au top de ta forme et quand tu te sens plus mou. Si t'es du matin, mets les tâches importantes avant midi. Si au contraire t'es un couche-tard, garde les tâches plus créatives ou exigeantes pour ce moment-là. Ajuste ton planning en fonction de ces pics d'énergie. Pas la peine de forcer quand t'as pas la patate, hein !

Adapter tes routines à tes habitudes de **productivité** est aussi clé. Si t'es du genre à procrastiner, mets en place une routine stricte, peut-être avec des timers ou une technique comme Pomodoro (25 minutes de boulot, 5 minutes de pause). T'aimes bosser dans le bruit ou le calme ? Solo ou en équipe ? Utilise ces infos pour concevoir la routine qui te correspond le mieux.

On arrive à une technique intéressante : le "habit stacking", ou en français, "l'empilement d'**habitudes**". L'idée est simple et redoutablement efficace. Tu prends une habitude déjà bien ancrée dans ton quotidien et tu y ajoutes une nouvelle. Exemple : si tu bois toujours un café le matin, dis-toi qu'après ce café, tu feras 5 minutes d'étirements. Petit à petit, cette nouvelle habitude s'intégrera naturellement.

Pour le soir, ça peut être pareil. Mettons, tu te brosses forcément les dents avant de dormir. Ajoute juste après 5 minutes de journal ou de réflexion sur ta journée. En faisant de l'empilement, tu profites de la force de l'habitude existante pour ancrer une nouvelle pratique plus sainement et sans y penser.

Pour rester dans le concret, prends un cahier et fais une liste de tes habitudes actuelles, puis note celles que tu aimerais instaurer. Relie-les. Petit à petit, tu auras consolidé des routines riches et efficaces sans forcément te sentir débordé.

Routines matinales et vespérales, adaptabilité selon les niveaux d'énergie et l'acte stratégique de "habit stacking" forment un trio **gagnant**. Une fois intégré, tu pourras commencer tes journées avec plus de clarté. Allez, lance-toi dans tes nouvelles routines !

Exercice pratique : Audit et optimisation du temps

Ça te dit de vraiment voir comment tu passes ton **temps** ? On va faire un petit exercice qui te surprendra peut-être. Suis toutes tes **activités** pendant une semaine. Vraiment toutes. Note l'heure à laquelle tu commences et termines chaque chose. Si tu fais une pause pour grignoter un truc ou pour checker ton téléphone, note-le aussi. Pas de triche.

Ensuite, classe chaque activité dans l'une de ces trois catégories : essentielle, **productive** ou non-productive. Essentielle, c'est ce que tu dois faire absolument, genre ton boulot ou dormir. Productive, c'est ce qui te fait avancer vers tes **objectifs** personnels ou pros, comme faire du sport ou lire un bouquin utile. Non-productive... ben c'est toutes ces petites choses qui ne servent pas vraiment. Les vidéos de chats, ça compte pas, hein ?

Après une semaine de suivi, calcule le temps total que tu as passé dans chaque catégorie. Est-ce que tu passes plus de temps dans l'essentiel, ou est-ce que la productivité prime ?

Un exemple : si tu te rends compte que tu mattes la télé pendant trois heures par jour, ça fait 21 heures par semaine – presque le temps passé à bosser une demi-semaine ! C'est ouf quand on y pense. Alors repère ces **habitudes** qui te font perdre du temps. On en a tous, mais avoir les chiffres sous les yeux, ça rend la chose plus... réelle.

Ensuite, fixe-toi des **objectifs** précis pour réduire ce temps non-productif. Si trois heures devant la télé te semblent trop, essaie de les réduire à une heure. Ce sera déjà une sacrée amélioration. Tu pourrais te dire : "Bon, aujourd'hui une seule série Netflix, je vais faire autre chose de mon temps".

Crée un nouvel **emploi du temps** qui met en avant les activités essentielles et productives. Genre, bloque deux heures le matin pour ton taf le plus important, ou une heure avant de dormir pour la lecture. Fais en sorte que ce soit simple à suivre. N'oublie pas d'intégrer du temps de repos et des pauses, c'est hyper important aussi.

Une fois ton nouvel emploi du temps prêt, teste-le pendant une semaine. Vois ce qui marche bien et ce qui coince. Ça peut être galère au début de tenir bon, surtout avec toutes ces "tentations". Mais accroche-toi et regarde où ça te mène.

À la fin de la semaine, note tes observations. Est-ce que tu te sens plus productif ? As-tu l'impression d'avoir mieux géré ton temps ?

Enfin, ajuste et peaufine ton emploi du temps en fonction des résultats. Si tu réalises que t'avais trop prévu d'un coup, rééquilibre un peu. Des petits changements peuvent faire une grande différence sur ta sensation de maîtrise.

Au final, on réalisera ensemble que c'est plus une question de s'améliorer étape par étape que de tout chambouler d'un coup.

Alors, prêt à voir comment tu gères vraiment ton **temps** ? Tu seras peut-être surpris par les résultats. Allez, hop, sors ton cahier et ton crayon, et c'est parti !

En conclusion

Félicitations ! Tu as terminé ce chapitre sur la **gestion** du temps pour renforcer ta discipline personnelle. On a exploré plusieurs **techniques** et méthodes pratiques qui peuvent t'aider à mieux **organiser** ton temps et à rester **concentré** sur tes objectifs. Voici les principales idées à retenir.

Dans ce chapitre, tu as découvert :

• L'importance de faire la différence entre les tâches urgentes et importantes.

• Comment utiliser la matrice d'Eisenhower pour trier tes tâches efficacement.

• Le secret de la **technique** Pomodoro pour garder ta concentration et éviter le surmenage.

• Que les audits de temps peuvent t'aider à repérer où tu gaspilles tes efforts.

• L'impact des **routines** quotidiennes bien réglées sur tes niveaux d'énergie pour une meilleure **productivité**.

En mettant en pratique les astuces décrites dans ce chapitre, tu verras rapidement des améliorations dans ta **gestion** du temps et tu finiras par atteindre tes objectifs plus facilement. Applique ces conseils et continuons à renforcer notre autodiscipline ensemble !

Chapitre 7 : Développer un état d'esprit discipliné

T'es-tu déjà imaginé ce que tu pourrais **accomplir** avec une discipline de fer ? Visualise-toi en train de surmonter ces obstacles qui te semblaient insurmontables. Je me suis retrouvé perdu, essayant de dépasser mes limites sans y arriver. Mais crois-moi, ce n'est pas une fatalité.

Dans ce chapitre, je vais te guider vers une nouvelle version de toi-même, plus **disciplinée** et **déterminée**. On va s'appuyer sur des techniques simples et efficaces pour remodeler tes pensées et changer ta vision des choses. Parfois, quelques mots suffisent pour transformer complètement ton état d'esprit. As-tu déjà essayé de te parler positivement ?

On va aussi explorer une règle fascinante - celle des 40%. Tu savais que ton esprit abandonne souvent à 40% de tes capacités **physiques** ? Surprenant, non ? Tu pourrais faire tellement plus que ce que tu crois possible. Et ces croyances **limitantes**, on va les combattre ensemble.

Ça pique déjà ta curiosité, pas vrai ? Reste avec moi ; ce chapitre est conçu pour secouer tes **pensées** et créer ce déclic nécessaire au changement. Attends-toi à des exercices pratiques, comme la tenue d'un journal de réflexion, pour un vrai changement de **mindset**. T'es prêt à explorer ? Allez, on fonce !

Restructuration cognitive pour l'autodiscipline

Tu sais ce qui peut vraiment **saboter** ton autodiscipline ? Les distorsions cognitives. Ces petites actions mentales insidieuses qui viennent t'embêter et ruiner ton moment de calme. Une distorsion cognitive, c'est quand ton cerveau prend un raccourci un peu foireux, créant une vision exagérée ou négative d'une situation. Et ça impacte ta façon d'agir, souvent en tirant vers le bas ta **discipline**. Par exemple, tu te dis "Je ne réussis jamais rien" juste parce que tu as raté ta séance de sport une fois cette semaine. Exagéré, non ?

Alors, comment les repérer et les contester ces foutues distorsions ? Déjà, il faut être à l'écoute de toi-même. Chaque fois que tu sens une montée d'**émotion** intense, prends une minute pour noter ce que tu penses. Scrute tes pensées comme si tu étais un détective. Cherche les exagérations, les généralisations ou les pensées absolument négatives comme "C'est toujours pareil, je n'arrive jamais à rien". Ensuite, demande-toi : est-ce vraiment vrai ? Quels sont les faits ? Challenge tes pensées comme tu le ferais pour un pote qui raconte des bêtises.

Parfois, tu découvriras vite que ces pensées sont, en fait, bourrées d'erreurs et d'exagérations. On peut décomposer nos pensées avec un peu de **logique**. Si tu te dis "Je n'arriverai jamais à être discipliné", essaie de te rappeler une fois où tu as réussi à te tenir à un objectif (même petit). Ton cerveau veut créer des histoires dramatiques, mais la rigueur mentale te permettra de rester lucide, à long terme.

Et donc, là, rentre en scène la technique de "l'arrêt de la pensée". C'est comme appuyer sur le bouton "pause" de ton cerveau quand il commence son saccage. Imagine-toi en train de crier "stop !" dans ta tête chaque fois qu'une pensée négative se pointe. Ça fait bizarre peut-être, mais incroyablement, ça marche. Parfois, juste se le dire aussi fort dans ta tête change la donne. Crée une barrière mentale et empêche ces récits autodestructeurs de gagner du terrain.

Et c'est important d'avoir des **affirmations** positives prêtes à l'emploi, pour remplacer ces pensées poisseuses. Quand cette voix intérieure te dit "Tu es nul", réponds-lui avec "Je fais de mon mieux et je m'améliore chaque jour". Ça paraît tout simple, mais ces phrases sont comme des graines que tu plantes, qui finissent par fleurir en véritable **self-discipline**.

En appliquant ces techniques — l'identification, le challenge des pensées et l'arrêt de la pensée — tu verras, ton **autodiscipline** prendra un tout nouvel essor. On n'est jamais aussi fort que quand on sait comment bien se connaître soi-même et ajuster notre manière de penser. Teste ces outils, joue avec eux, adapte-les à ta manière... tu finiras par trouver ta formule magique et te sentir bien plus en **contrôle**. D'ailleurs, la prochaine fois que ton cerveau tente un coup bas, mets en place ces stratégies et renforce ta discipline, un pas à la fois.

Discours intérieur positif et affirmations

T'as déjà **remarqué** comment tu te parles dans ta tête ? Moi, si je commence la journée en me disant que je suis nul ou incapable, c'est sûr que ça n'va pas aider. Ben, c'est pareil pour tout l'monde. La façon dont tu te parles intérieurement, ça impacte directement ton **comportement** et ta **motivation**. Tu peux te creuser de véritables trous de soucis avec des pensées négatives. Ça peut influencer ton humeur, tes choix, et même tes actions quotidiennes.

Penses-y une minute. Si tu vois tout en noir, tout paraît plus difficile. Par contre, si t'arrives à tourner ça en un truc un peu plus positif, genre "ouais, j'vais galérer mais j'suis capable de le faire," ben là, tu prends d'l'avance sur tout ce qui peut te détruire. D'un coup, la montagne devient une petite colline. Un obstacle surmontable au lieu d'un Everest impossible.

Ok, on passe à la pratique. Comment tu crées des **affirmations** qui tiennent la route et te poussent vers une grande **autodiscipline** ? D'abord, faut r'garder ce que tu veux atteindre. Genre, si t'as envie de courir un marathon, tu veux des phrases qui te rappellent ta force physique et mentale. Comme tu te parles à toi-même, dis quelque chose du genre, "Je suis fort, je peux courir cette distance." Garde tes phrases au présent et positives. Tu vois, c'est comme poser des jalons qui, petit à petit, consolidés avec l'habitude, forment une sacrée base solide.

Faut qu'elles soient simples, claires et immédiates. Pas d'phrases ambiguës style "je souhaiterais...". Faut du direct, du béton. Si ton affirmation ressemble à un pote qui t'encourage, t'es sur l'bon chemin. Dis-toi des choses que tu crois même si t'as encore des doutes, parce que ton cerveau, il s'adapte doucement à ce discours positif, et là bam! Plus de doute.

Maint'nant, parlons de la "**technique du miroir**". Ça peut sembler boboche d'parler à ton reflet, mais t'inquiète, c'est super efficace. L'idée est simple : quand tu t'mats dans un miroir, pratique tes affirmations à haute voix. Clairement. Genre, chaque matin, fais-le face à ton reflet dans la salle de bain. Regarde-toi bien dans les yeux et dis tes affirmations. Ça fait quelque chose, crois-moi sur parole. Ça renforce l'effet de ton discours intérieur en le complétant par ce contact visuel.

En plus, ça booste ta **confiance** en toi. C'est vrai ! Se voir prononcer ces mots, c'est pas pareil que juste y penser. Ça ancre tout ça profondément dans ton esprit. Plus tu le fais, plus tu casses la carapace de doute et d'insécurité. P'tites affirmations par p'tites affirmations, tu commences à croire en toi et en ton potentiel d'autodiscipline.

Mais prends pas ça à la légère. Si tu décides de faire jouer ta voix, fais-le à fond. Fais-le tous les jours. Pas juste quand t'es de bonne humeur, mais aussi quand t'es pas top. Ça fout vraiment en place une **routine** qui tasse les mauvaises ondes. Vive les reflets !

Et souviens-toi, y'a pas de **progrès** sans répétition. Donc, relève-toi chaque matin, fixe-toi des objectifs, prononce tes affirmations au miroir, et observe-toi grandir progressivement. C'est pas un miracle, c'est toi et ton putain de dur labeur, voilà tout. Travaille sur ton discours intérieur et laisse-le te transformer de l'intérieur.

La règle des 40% : Repousser les limites perçues

Il est fascinant de voir à quel point ton esprit peut te tromper en te faisant croire que tu as atteint tes limites, alors qu'en réalité, ce n'est souvent pas le cas. C'est là que le concept des **réserves mentales** entre en jeu. Qu'est-ce que c'est exactement ? Les réserves mentales, ce sont ces ressources cachées, cette énergie que tu possèdes mais que tu n'utilises pas d'habitude. Tout le monde a un point où l'on se dit "c'est trop", surtout pendant un **effort** physique intense ou face à une tâche difficile. Mais c'est souvent juste l'esprit qui essaie de te protéger, de te dire de ralentir. Car, en vérité, il te reste encore assez de jus pour continuer bien plus loin que tu ne crois.

Tu as déjà entendu parler de cette pensée que lorsque tu penses être à bout, tu es en fait seulement à 40 % de tes capacités totales ? C'est la règle des 40 %. En gros, ton cerveau garde une énorme réserve d'énergie pour les situations extrêmes. Alors, quand la **fatigue** commence à te chuchoter d'abandonner, il faut réaliser que c'est ton esprit qui parle – pas ton corps.

Comment reconnaître quand tu commences à vouloir abandonner trop tôt ? Facile. Ça commence souvent par ces petites pensées comme "j'en peux plus" ou "je ne vais jamais y arriver". Et souvent, ces pensées arrivent bien avant que ton corps ne soit vraiment à bout. Alors, comment fais-tu pour continuer ? D'abord, prends **conscience** de ces signes. C'est la première étape.

Pour repousser cet abandon prématuré, il y a quelques trucs que tu peux faire :

• **Visualise** avec des images positives : Imagine-toi atteindre ton objectif. Ça peut vraiment te donner ce coup de pouce mental.

• Pose-toi des questions : Demande-toi pourquoi tu veux arrêter. Est-ce vraiment physique ou juste ta tête qui joue des tours ?

• Parle-toi : Utilise des affirmations positives pour te dire que tu peux le faire.

Maintenant, parlons de la technique de la "fixation de micro-objectifs". C'est super simple mais super efficace. Quand tu partages une grande **tâche** en petits morceaux, elle devient beaucoup plus gérable. Essayons un exemple : tu es en train de courir et tu sens que tu fatigues. Plutôt que de penser à combien de mètres il te reste avant la fin, dis-toi d'atteindre l'arbre suivant. Puis le lampadaire d'après. Chaque petit **objectif** atteint te donne un petit coup de boost et avant que tu le saches, tu as parcouru une distance folle !

C'est pareil pour les tâches mentales. Disons que tu as un gros rapport à écrire. Plutôt que de penser à l'étendue de tout le rapport, fixe-toi de simplement écrire une phrase, puis un paragraphe, puis une section. Chaque étape franchie fait que la suivante paraît moins écrasante.

Crois-moi, une fois que tu saisis ce **principe** et que tu vois à quel point tu peux aller plus loin que tu ne le pensais, plein de choses deviennent possibles. Les limites deviennent des étapes, et tes objectifs semblent plus atteignables. C'est une manière super simple mais tellement puissante de pousser plus loin, toujours un peu plus loin.

Surmonter les croyances auto-limitantes

Comment se forment ces **croyances** auto-limitantes ? Ça commence tout petit. Les **expériences**, les échecs, les commentaires des autres... Tu les accumules inconsciemment. Ces petites phrases que tu entends ou que tu te dis : "Je ne suis pas assez bon", "Ça ne marchera jamais", "Je n'ai pas les compétences." Elles finissent par s'ancrer dans ton esprit. Et bam ! Elles sont là, prêtes à t'empêcher d'avancer. Elles ont un impact direct sur ton auto-discipline. Tu sais, si tu crois que tu ne peux pas, ton cerveau trouve ça logique de ne pas faire d'efforts ! T'imagines toute cette **énergie** gaspillée, juste à cause de croyances un peu pourries ? La réussite devient difficile à atteindre avec ces boulets aux pieds.

Mais, bonne nouvelle—tu peux contrer ça. La première étape ? Reconnaître et identifier ces croyances. Franchement, c'est plus compliqué qu'il n'y paraît. Tu dois vraiment creuser en toi-même. Attrape un stylo et note tout ce qui te freine. Pose-toi des questions du genre : "Pourquoi je pense ça de moi ?" ou "Quelle expérience m'a fait croire ça ?". Ces croyances sont souvent déguisées en vérités absolues que tu n'as jamais remises en cause. C'est aussi simple que classique.

Mais tu peux les remettre en **question**. Passe-les au détecteur de mensonges. Tu te dis : "Je ne mérite pas ça." Vraiment ? Pourquoi exactement ? Quelle preuve as-tu que c'est vrai ? Où est l'exemple concret que tu te traînes ? Parle à tes croyances, discute avec elles. C'est quelque part étrange, n'est-ce pas ? Mais tu peux y arriver. Fais-les se justifier, souvent, elles n'y arriveront pas.

Et c'est là qu'un petit truc pratique entre en jeu. La "collecte de **preuves**." Quand une croyance auto-limitante surgit—rassemble des preuves du contraire. Tu as écrit un e-mail sans faute ? Note. Complété une tâche difficile sur le canapé ? Note. Relevé un défi que tu pensais infranchissable ? Note-le partout ! Tiens un journal, ou utilise ton téléphone. Plus les preuves contre tes croyances auto-limitantes s'accumulent, plus elles se fragilisent. C'est comme construire une maison avec de bons matériaux.

Imagine-toi. Chaque preuve, chaque note, c'est comme une brigade qui attaque le mur de tes **doutes**. Ça commence peut-être petit, mais accumulé, ça devient puissant. Tu réalises que ces croyances... ben, elles ne valent pas grand-chose. Ça crée un cercle vertueux : plus tu les démolis, plus tu reconnectes avec ton vrai **potentiel**.

Enfin ! Ne travaille pas seul. Les croyances auto-limitantes sont malignes, mais faciles à exposer en groupe. Parle à ta famille, tes amis. Dis-leur ce que tu penses de toi—souvent, ils sont de meilleurs observateurs, t'offrant d'autres perspectives avec leur regard extérieur. Ils peuvent repérer ce que toi, tu avais raté.

En mélangeant introspection et feedbacks externes, tu obtiens une vue d'ensemble qui ouvre des portes autrement insoupçonnées. Alors... ne néglige pas cette **aide** précieuse. Crois en toi, remets en question tes limites et débarrasse-toi de ces boulets ! Fais le premier pas... cette nouvelle **aventure** t'attend. Ça marchera.

Exercice pratique : Journal de changement d'état d'esprit

Changer ton état d'esprit peut te sembler **compliqué**, mais avec un peu de patience et de régularité, tu vas y arriver. Souvent, nos croyances limitantes nous empêchent de **progresser**. C'est là qu'un journal entre en jeu. Alors, prêt(e) à commencer ? Allons-y !

Identifie d'abord une croyance limitante liée à l'**autodiscipline**. Pense à un truc qui t'empêche d'être discipliné(e). Genre, "Je n'ai aucune volonté," ou "Je n'ai jamais été bon(ne) pour me tenir à des plans." Prends le temps de bien identifier cette croyance limitante. C'est chiant, mais nécessaire.

Ensuite, note des preuves qui contredisent cette croyance. Trouve des exemples qui montrent qu'elle est fausse. Une fois où t'as réussi un truc difficile ? Même les petits succès comptent. Tu sais, comme ce jour où t'as réussi à dire non à une tablette de chocolat ou où tu t'es levé(e) tôt pour aller courir. Note tout ça dans ton journal pour **casser** cette croyance limitante.

Il est temps de changer cette mauvaise pensée par une croyance plus positive et **motivante**. Par exemple, remplace "Je n'ai aucune volonté," par "Je suis capable de persévérer face aux défis." Choisis des formulations qui t'inspirent et te motivent.

Fais une petite liste des actions concrètes que tu peux adopter pour incarner cette nouvelle croyance. Comme se lever 15 minutes plus tôt pour méditer ou planifier tes tâches cruciales pour la journée. Des petits trucs faciles à faire au quotidien qui renforcent ta nouvelle façon de penser.

Chaque jour, consacre quelques minutes pour écrire dans ton journal comment tu as vécu ces actions spécifiques. Pas besoin de faire des romans. Juste noter brièvement ce qui s'est bien passé peut suffire. Après tout, ça aide à renforcer cette nouvelle croyance !

Note les moments où tu as agi selon la nouvelle croyance. Tu vas forcément passer quelques moments où t'aurais craqué avant, mais t'as résisté. Note ces instants de **victoire**. Par exemple, au lieu de traîner sur ton téléphone, t'as attrapé un bouquin inspirant. Chacun de ces moments est une preuve de ta progression.

Prends un moment chaque semaine pour relire ce que tu as noté et réfléchis à comment t'as évolué. Si tu préfères les retours visuels, ajoute des graphiques pour illustrer comment tes pensées limitantes s'atténuent.

Si tu réalises que quelque chose ne marche pas bien, ajuste ton **approche**. Parfois, certaines techniques fonctionnent mieux que d'autres. Ne sois pas trop dur(e) avec toi-même. Continue sur cette lancée encore un mois, apprends de tes erreurs et améliore-toi petit à petit.

L'important, c'est de rester fidèle à ce petit rituel de journal. Même quand tu tombes, relève-toi. Car au fond, tu es juste en train de recycler la vieille croyance en un nouveau **mindset** rayonnant. Persévérance !

En Conclusion

En lisant ce chapitre, tu as appris comment **développer** un état d'esprit **discipliné**. C'est un voyage essentiel pour atteindre tes **objectifs** sans saboter tes efforts. Voici les points clés à garder en tête :

Les distorsions cognitives qui affectent ton autodiscipline, les **pensées** négatives à reconnaître et à remettre en question, la technique de "stop pensée" pour arrêter ces idées noires, l'importance du **dialogue** intérieur positif et des affirmations personnelles, ainsi que la "règle des 40%" pour dépasser tes limites mentales et physiques.

Chacun de ces éléments t'aidera à mieux gérer tes pensées et à **renforcer** ton autodiscipline. Prends les **enseignements** de ce chapitre à cœur et mets-les en pratique dans ta vie de tous les jours pour devenir plus fort mentalement. Ensemble, on peut atteindre nos objectifs et se surpasser. Tu as les outils nécessaires, maintenant c'est à toi de jouer ! Fonce et montre de quoi tu es **capable** !

Chapitre 8 : Développer la résilience et la détermination

Imagine-toi face à un **obstacle** qui te semble insurmontable. Te sentirais-tu prêt à abandonner ou à foncer ? Dans ce chapitre, tu découvriras comment surmonter ces moments grâce à la **résilience** et à la **détermination**. J'ai dû moi-même affronter des épreuves qui paraissaient impossibles, mais en persévérant, j'ai appris à les transformer en **forces**.

On va causer ensemble de comment devenir mentalement costaud en affrontant les **défis**. Tu verras l'importance de rebondir après chaque échec. On t'a déjà dit que continuer est ce qui compte le plus ? Crois-moi, ça marche vraiment !

On abordera aussi des techniques de gestion du **stress**. Je sais que le stress peut parfois tout chambouler, mais avec quelques astuces simples, ça devient beaucoup plus gérable.

Et tu sais quoi ? Il y a aussi des activités pratiques pour renforcer ta **résilience**. Des petits trucs que tu peux intégrer dans ton quotidien sans prise de tête.

Tu te sens prêt à faire de chaque défi une occasion de te **muscler** mentalement ? Moi, je suis à fond. Allez, on se lance !

Développer la force mentale à travers les défis

T'as déjà entendu parler du concept d'**inoculation** au stress ? C'est comme un vaccin pour ton mental. En gros, en t'exposant à de petites doses de stress contrôlé, tu te prépares à affronter des situations plus difficiles sans te laisser abattre. C'est un peu comme quand t'apprends à nager. Tu ne plonges pas direct dans les eaux profondes. D'abord dans une petite piscine, puis un peu plus grande. En te confrontant aux **défis** progressivement, tu développes ta force mentale.

Imagine que tu commences par un truc relativement simple, comme parler en public devant quelques potes. Un peu flippant, non ? Mais tu le fais, encore et encore... Tu deviens de plus en plus à l'aise. Ensuite, tu augmentes la difficulté, peut-être en prenant la parole devant toute ta classe ou ton club. Chaque étape te rend plus **résistant**. C'est exactement ce principe-là qu'il faut appliquer pour augmenter la résilience et développer une vraie force mentale. Confronter progressivement des situations de plus en plus corsées jusqu'à ce que ces scénarios stressants deviennent gérables.

Parlons maintenant de cette technique géniale : l'expansion de la zone de **confort**. Non seulement tu vas affronter progressivement tes peurs, mais tu vas aussi booster ta confiance en toi. Imagine ta zone de confort comme un ballon. Chaque fois que tu fais un truc qui te sort légèrement de ta routine, ce ballon s'agrandit un peu. Après un moment, des trucs qui te paraissaient autrefois flippants deviennent banals. Rappelle-toi, ça veut pas dire plonger direct dans l'inconnu. Prends ton temps, une étape à la fois.

Une méthode efficace pour étendre ta zone de confort est d'établir une liste de petites actions à réaliser au quotidien. Par exemple :

- Saluer un inconnu.
- Participer activement à une réunion.

- Essayer un nouveau hobby.

Chaque petit pas compte. Ils s'accumulent pour créer une vraie **transformation** en toi. La répétition joue un rôle crucial ici. Plus tu fais quelque chose, moins c'est effrayant, et ton assurance grandit avec chaque tentative réussie.

Enfin, pour renforcer cette technique, c'est super important d'ajouter du **renforcement** positif. Après avoir affronté une peur ou un défi, célèbre tes réussites, même les petites. Un petit moment de reconnaissance de tes progrès peut faire toute la différence. Ça te motive pour continuer et voir à quel point tu évolues.

Bon, récapitulons. Inoculation au stress, affronter les peurs progressivement, expansion de la zone de confort... Tout ça t'aide à développer une **force** mentale de ouf. Ligne par ligne, jour après jour, tu peux le faire. C'est tout un processus, ok ? Mais ça vaut vraiment le coup.

Alors la prochaine fois que t'hésiteras devant un truc difficile, pense à tout ça. Regarde ce que t'as déjà accompli et fonce ! Petit à petit, tu deviens plus fort, plus **confiant**. Et crois-moi, chaque défi rencontré te prépare encore mieux pour le suivant.

Voilà, y'a clairement de quoi bosser !

Rebondir après les revers

Quand on parle d'**autodiscipline**, savoir gérer les échecs est crucial. En fait, un échec peut t'apporter plus qu'une victoire. Oui, sérieusement. En voyant les échecs comme des opportunités d'**apprendre**, tu changes complètement de perspective. C'est un peu comme transformer du plomb en or. Chaque chute te montre ce qui manque, où ça coince, et ce que tu peux améliorer.

Imagine que tu prépares une **présentation** hyper importante et que ça tourne au fiasco. La première chose à faire, c'est de ne pas te laisser abattre. C'est justement dans ces moments-là que tu te relèves plus fort. Prends un moment pour réfléchir à ce qui n'a pas marché – un point mal préparé, des diapos confuses, ou un discours trop monotone ?

Ensuite, place à l'**analyse**. Il est important de décortiquer chaque échec. Note les choses concrètes. Que s'est-il passé ? Qui était là ? Quels étaient tes objectifs et ont-ils été atteints ? Ces questions te permettront de tirer des leçons et de trouver des idées pour t'ajuster la prochaine fois. Un échec devient une mine d'informations et, plus tu te penches dessus, plus tu y trouveras des réponses.

Une autre technique utile, c'est celle des "trois bonnes choses". Chaque soir, note trois trucs positifs qui te sont arrivés. Ça peut être n'importe quoi, même les choses les plus simples. Une visio qui s'est bien passée, un compliment reçu, ou même ton café du matin qui était parfait. Cet **exercice** régulier t'aide à garder en tête qu'il y a toujours du positif, même quand tout va mal. Ça limite les pensées négatives et te permet de voir le verre à moitié plein.

Mélanger ces astuces avec une bonne dose de **détermination** et d'humour peut faire des merveilles. Ton échec d'aujourd'hui ne définit pas ton futur, mais fais-lui un clin d'œil grâce à tes lacunes actuelles, et dis-toi que demain sera meilleur parce que tu auras appris. La **résilience** naît de cette capacité à rebondir, à se réinventer, et à avancer malgré les coups durs. Pas de mystère : quitte à tomber, autant se relever plus fort.

En suivant ces conseils, tu t'armes contre les hauts et les bas. Et la prochaine fois qu'un échec pointe son nez, tu l'affronteras avec le **sourire**.

Le Pouvoir de la Persévérance

C'est quoi au juste, la **ténacité** ? C'est cette qualité de ne jamais lâcher l'affaire, même quand tout semble jouer contre toi. C'est de continuer à avancer, peu importe le prix ou les obstacles. Au fond, c'est comme une graine qui va germer, grandir et s'épanouir avec le temps, si tu l'arroses comme il faut. Sans ténacité, dur dur d'atteindre le **succès** et l'accomplissement à long terme. Tu vois, beaucoup de gens jettent l'éponge à mi-chemin, juste avant la ligne d'arrivée. Pas parce qu'ils en sont incapables, mais parce qu'il leur manque cette persévérance vitale.

Alors, comment développer cette **ténacité** ? La réponse est toute simple : en adoptant un état d'esprit de croissance. Croire que tes capacités, tes talents, et même ton intelligence peuvent évoluer avec le temps. Ce n'est pas inné, c'est quelque chose que tu peux bosser et améliorer sans cesse. Pense à un môme qui apprend à marcher - il se casse la figure mille fois, mais il progresse à chaque essai. C'est cet état d'esprit que tu dois cultiver. En développant cette vision, chaque obstacle devient une opportunité d'apprendre et de grandir, pas juste un mur infranchissable. C'est comme transformer une montagne en escalator - tu ne la vois plus comme une vieille masse impossible à gravir.

Et pour garder la **motivation** face à ces obstacles sans fin, une petite astuce pratique est de viser les "petites victoires." Tu sais, ces petites réussites qui, même si elles ont l'air de rien, boostent ton moral et te poussent à continuer. Ça pourrait être de lire 10 pages d'un bouquin chaque jour, ou de courir juste dix minutes de plus que la veille. En célébrant ces petites réussites, tu nourris ton sentiment d'accomplissement et tu restes motivé. Imagine-toi comme un joueur qui amasse les pièces dans un jeu vidéo – chaque petite pièce te rapproche du niveau supérieur.

Bien sûr, ces petites victoires, tu ne les décrocheras pas toutes facilement. C'est là que la ténacité revient sur le tapis. Chaque victoire, aussi minuscule soit-elle, te renforce et te prépare pour les défis à venir. C'est plutôt cool, non ? Là, tu gagnes non seulement en **confiance**, mais aussi en résistance. Ainsi, quand le gros challenge débarque, t'es paré - renforcé par l'accumulation de tous ces petits triomphes.

Comment faire pour vraiment adopter cette approche ? Fastoche. Crée-toi des étapes légères, puis coche-les une par une. Et surtout, savoure chaque petite avancée. Rappelle-toi que ces petites étapes fabriquent ton **succès** à long terme - une sorte d'escalier perso qui te conduit vers tes sommets. Quand les choses se corsent et que le doute s'installe, jette un œil derrière toi et vois tout ce que t'as déjà accompli. Regarde toutes ces petites victoires qui te rappellent pourquoi tu ne dois pas baisser les bras.

Tu vois ? La ténacité n'est pas une histoire d'un jour ou d'une seule victoire éclatante. C'est la somme de toutes ces petites avancées, ce continuel état d'esprit de **croissance** et cette capacité de rester motivé. Bref, la **persévérance** est un mélange magique de patience, de détermination et de réjouissance des petites victoires quotidiennes. Et rien que pour ça, ça vaut le coup d'essayer, non ?

Techniques de gestion du stress

Le **stress** chronique, c'est vraiment dur pour ton corps et ton esprit. Mais tu savais à quel point ça affecte ton **autodiscipline** et ta prise de décision ? Quand t'es stressé tout le temps, ton corps réagit de manière instinctive, souvent en résistance. Résultat : t'as moins d'énergie et de patience pour te **concentrer** sur ce que tu dois faire. Ton cerveau prend des décisions basées sur la facilité et non sur la sagesse. Et paf, les mauvaises habitudes ressurgissent... trop facile de retomber dans ce qui te détruit.

Alors, comment identifier ces **déclencheurs** de stress ? Fais une liste des moments qui te nouent l'estomac. Au boulot, c'est ton patron qui te parle fort ? À la maison, les enfants qui crient sans cesse ? Pense simplement à ces scènes qui te mettent mal à l'aise. Et demande-toi pourquoi ces situations te stressent autant : peur de l'échec, besoin de contrôle ? En réponse, essaie de voir comment tes réactions directes contribuent sans doute à ce stress. Le fait d'y réfléchir, tu prends du recul, et c'est là que d'autres options commencent à se dessiner.

Maintenant, je vais t'apprendre une technique simple pour te calmer rapidement : la "**respiration** en boîte". C'est facile à faire partout : dans une salle d'attente, avant une réunion importante, ou même en voiture quand t'es coincé dans les bouchons. Voilà comment ça marche :

• Inspire pendant 4 secondes. Imagine remplir tes poumons d'air frais comme si c'était une nouvelle bouffée d'oxygène nettoyante.

• Retiens ta respiration pendant 4 secondes. Comme si tu mettais l'histoire sur pause juste un moment.

• Expire pendant 4 secondes. Sans pression, relâche l'air lentement.

• Reste en apnée après l'expiration pendant 4 secondes. Sers-toi de cette légère pause comme une transition avant le prochain cycle.

Refais ce cycle quatre fois de suite ou plus si nécessaire. Franchement, c'est dingue à quel point tu te sens instantanément plus **calme**. Tu penses plus clair et les situations stressantes ressemblent moins à des monstres géants prêts à attaquer.

Pour finir, rappelle-toi que chacun a ses propres petites astuces pour gérer le stress. Teste des trucs différents et n'aie pas peur d'aller vers ce qui marche vraiment pour toi. Peut-être que faire une balade ou papoter avec un pote t'aidera mieux que d'autres techniques. Faut juste trouver ton propre **système**. En identifiant tes déclencheurs de stress et en utilisant des stratégies comme la respiration en boîte, tu te donnes les moyens de garder ta discipline intacte et de relever les défis plus facilement. Voilà, petit à petit, tu feras grandir ta **résilience** et ton courage.

Exercice pratique : Activités pour renforcer la résilience

T'es prêt pour un **défi**? Voici un exercice qui va **booster** ta résilience en douceur, étape par étape.

Commence par identifier un **objectif** difficile mais réalisable en dehors de ta zone de confort. Ça peut être n'importe quoi, tant que ça te pousse un peu. Peut-être courir 5 kilomètres, présenter une idée devant des gens, ou même mieux organiser tes journées. Le truc, c'est que ce soit assez dur pour te faire grandir, mais pas trop pour ne pas te démotiver. C'est stressant, pas vrai? Mais c'est là que tu commences vraiment à fabriquer de la résilience.

Ensuite, décompose cet objectif en petites étapes progressives. Des petits bouts, quoi. Si ton but, c'est courir 5 kilomètres, commence par 1 puis 2, et ainsi de suite. Présenter une idée? D'abord à un pote, puis à deux, et enfin devant un groupe plus grand. Ça rend l'objectif moins effrayant et plus atteignable. On dit pas que c'est facile, mais clairement plus faisable.

Engage-toi à faire un petit pas chaque jour pendant une semaine. Chaque jour, juste un petit **effort**. Une mini-course aujourd'hui, une confidence demain, et progressivement, ça devient une habitude. Inclure cette activité dans ton quotidien te permet de filer tout droit vers ton grand but, sans même t'en rendre compte... ou presque.

Note dans un journal tes **expériences**, émotions et leçons apprises après chaque étape. Ça t'aide pas juste à réaliser des progrès, mais t'ouvre les yeux sur le chemin parcouru. Parfois, tu pourras relire et te dire, "Mince, j'ai fait tout ça!"—quand t'auras des baisses de motivation.

Réfléchis à tes progrès et ajuste ton approche si nécessaire. Fais un petit état des lieux après une semaine. Ce qui a marché, ce qui a jeté un froid. Pas de panique si tout n'a pas filé droit. Ajuste ton tir : trop ambitieux ? Réduis. Pas assez motivant ? Relève le défi d'un cran. C'est clé pour pas craquer.

Au fil des jours, augmente un peu la dose. Plus de distance à courir. Parle à un groupe plus nombreux. C'est comme ça que tu renforces ton **endurance** mentale et physique. Circule dans cette confortable mais exigeante lenteur qui fait que tu presses juste un peu plus chaque fois.

T'as le droit de faire la fête! Pas à chaque petite victoire, mais marque le coup ici et là. Et pour les échecs? Regarde-les en face. Ils t'apprennent plus que les succès. Relève ce qui a planté et trouve le moyen de dépasser. Chaque faux pas est une chance déguisée.

Continue ce **processus** pendant un mois, en élargissant ta résilience et ta zone de confort. Un mois, c'est pas un terme fixe, mais un bon point de repère. Continue à faire croître tes défis. Petit à petit, tu vas regarder en arrière et voir comment ta zone de confort s'est élargie, pierre par pierre, effort par effort. Sors de cette zone régulièrement, et qui sait… tout devient **possible**.

En Conclusion

Ce chapitre t'a appris des éléments essentiels sur le développement de la **résilience** et du **courage** face aux défis. Comprendre comment **rebondir** après des échecs et maintenir une **motivation** durable sont des compétences cruciales pour réussir tes objectifs à long terme. Voici les points principaux à garder en tête :

La manière dont les situations stressantes peuvent renforcer ton mental est fascinante. Il est important d'élargir progressivement ta zone de confort pour **booster** ta confiance. N'oublie pas le rôle crucial de la perception des échecs comme des opportunités d'**apprentissage**. La technique efficace des "trois bonnes choses" peut t'aider à rester positif face aux défis. Et n'oublie pas la stratégie des "petites victoires" pour garder la **motivation** sur la durée.

C'était un chapitre rempli d'approches pratiques et inspirantes. En mettant en pratique ces enseignements, tu vas développer ta résilience et ton courage. Chaque petit pas te rapprochera de tes **objectifs** et renforcera ton mental pour affronter les futurs défis. Alors, lance-toi dans l'application de ces techniques et continue d'avancer avec détermination ! Tu as tout ce qu'il faut pour réussir.

Chapitre 9 : Le Rôle de la Santé Physique dans l'Autodiscipline

T'es-tu déjà senti complètement démotivé, au point où chaque **tâche** semble être une montagne insurmontable ? Moi aussi. Et c'est exactement ce que ce chapitre va changer pour toi. Imagine un instant une version plus **forte** et plus résiliente de toi-même. Une version prête à affronter n'importe quel **défi** que la vie te lance.

Dans ce chapitre, je vais te guider à travers des **méthodes** que tu peux commencer à appliquer dès maintenant pour booster ta **volonté** grâce à ton alimentation. Eh oui, tes repas font bien plus que simplement calmer ta faim. Ensuite, tu découvriras comment l'**exercice** n'est pas seulement bon pour ton corps, mais aussi pour renforcer ton autodiscipline. Le **sommeil** aussi a son lot de secrets – et tu vas tous les découvrir ici. On parlera de la fameuse connexion **esprit-corps** et comment elle influence vraiment ta capacité à rester sur la bonne voie.

Et pour finir en beauté, tu auras même l'occasion de créer ton propre plan de santé holistique. Rien que pour toi, en fonction de tes besoins personnels. Allez, on se lance dans cette aventure pour devenir la meilleure version de toi-même, plus fort et plus concentré que jamais.

T'es partant ? Parce que ce chapitre, c'est ta porte d'entrée vers un contrôle de soi comme tu n'en as jamais eu auparavant.

La nutrition et son impact sur la volonté

Waouh, la question **glucose** et fonction cognitive, c'est fascinant. Imagine ton cerveau comme un moteur qui a besoin d'essence. Ce carburant, c'est le glucose. Quand tu es bien nourri, ton cerveau fonctionne à plein régime. Mais si ton sucre dans le sang chute, des choses comme la concentration et la clarté mentale... bah, elles prennent un coup. T'as jamais eu un coup de barre l'après-midi ? C'est souvent lié à une baisse de glucose.

Donc, c'est super important de garder ton niveau de sucre stable. Tu veux éviter les pics et les chutes brutales, qui te laissent vidé et sans **volonté**. Les glucides simples – genre les bonbons et tout ce qui est sucré – te donnent un boost rapide mais pas durable. Ce qu'il te faut, c'est des glucides complexes. Pense au pain complet, aux légumes et aux légumineuses. Ça te donne de l'**énergie** lentement mais sur une longue durée. Un cerveau qui fonctionne bien rend l'autodiscipline bien plus facile, tu vois ?

Maintenant, comment tu te fais un régime qui maintient l'énergie et la concentration toute la journée ? C'est là qu'intervient la méthode de l'assiette. C'est trop simple et ça marche. Tu prends une assiette et tu y mets ces trucs-là :

• Une moitié de légumes : Ceux qui sont verts – épinards, brocoli – , mais aussi des poivrons, des tomates. Plein de fibres et des vitamines.

• Un quart de protéines : Poulet, tofu, œufs – ce que tu préfères. Ça te garde rassasié et ça répare les muscles.

• Un quart de glucides complets : Riz brun, quinoa, pâtes complètes. C'est ton carburant à long terme.

Boire de l'eau, c'est pareil, essentiel. Parfois, tu te sens fatigué et c'est juste que t'es déshydraté. S'hydrater correctement aide aussi à maintenir un niveau de glucose équilibré.

Parlons d'une journée type pour mettre tout ça en pratique. Le matin, un bol de flocons d'avoine avec des fruits frais et une poignée de noix. L'avoine pour l'énergie longue durée, les fruits pour les fibres et vitamines, les noix pour les bonnes graisses et protéines. Ça te cale jusqu'au midi.

Pour le déjeuner, imagine une salade de quinoa avec du poulet grillé et plein de légumes colorés – carottes, betteraves, concombres. Assaisonnée avec une vinaigrette à base de yaourt pour un peu plus de protéines et de graisses saines. Simple, **nourrissant** et ça t'évite l'envie de grignoter entre les repas.

Et le dîner ? Facile : saumon avec du riz complet et des brocolis sautés à l'huile d'olive. Poisson pour les protéines et oméga-3 (super pour le cerveau), riz pour l'énergie et brocolis pour, eh bien, être en bonne santé en général.

Le truc, c'est de planifier légèrement à l'avance. Faire ces repas, ça ne prend pas des heures et tu te remercieras plus tard quand ton cerveau, lui, il tournera rondement. Au fond, **équilibre** alimentaire et autodiscipline, c'est main dans la main. Parce que, oui, être bien dans son corps, ça aide à être bien dans sa tête.

Alors, mate une bonne série Netflix en savourant ton plat **équilibré** et vois comme ta volonté grimpe en même temps que tes séries préférées. Bon **appétit** et bonne **discipline** !

L'exercice comme stimulant de la discipline

L'effet positif de l'exercice sur la fonction cognitive et l'humeur est bien documenté, et c'est fascinant de voir comment ton cerveau réagit à un **entraînement** régulier. Pense-y comme une sorte de recharge pour ton esprit. Le sport libère des endorphines, souvent appelées les hormones du bonheur, qui t'aident à réduire le stress et l'anxiété. Mais ce n'est pas tout ! L'exercice stimule aussi la libération de dopamine, de sérotonine et de noradrénaline. Ces neurochimiques jouent tous un rôle crucial dans la régulation de l'humeur, de la **motivation** et du bien-être général. Bref, faire du sport régulièrement, c'est un peu comme prendre une dose naturelle de bonheur et de clarté mentale.

Tu te demandes peut-être comment intégrer une routine d'exercice dans ta vie chargée ? Penser à une routine durable qui colle à tes objectifs et préférences personnels est essentiel. On sait tous à quel point il est difficile de s'y mettre et de tenir sur la durée. Voici quelques astuces simples pour y parvenir :

• Choisis une activité que tu aimes : Ce premier (et peut-être le plus important) conseil est de faire du sport quelque chose de plaisant. Que ce soit du jogging, du vélo, ou même de la danse, trouve ce qui te fait vibrer !

• Commence petit : Pas besoin de tout chambouler dès le départ. Intègre quelques sessions de 15 à 20 minutes dans ta semaine. Ça permet de construire une **habitude** sans te décourager.

• Fixe des objectifs clairs et atteignables : Plutôt que de viser un marathon d'ici trois mois, commence par vouloir courir cinq kilomètres sans t'arrêter.

• Écoute ton corps : Inutile de te pousser à bout chaque jour. Un jour de repos ici et là peut faire des miracles pour ta motivation à long terme.

• Trouve un partenaire : S'entraîner à deux peut renforcer l'engagement. À deux, c'est plus fun et on se motive mutuellement.

Il existe même une technique super simple appelée "cercle de l'habitude" pour intégrer l'exercice dans ta vie quotidienne. Le principe est le suivant : commencer par une petite action régulière, chaque jour, à un moment fixe pour créer une routine douce. Le fameux "cercle de l'habitude" passe par trois étapes essentielles :

Le **déclencheur** : Trouve un signal qui déclenchera ton habitude. Ça peut être après le café du matin, juste avant d'aller te coucher ou au retour du boulot. L'important, c'est d'avoir un moment bien défini.

L'action : C'est ton exercice en lui-même. Définis précisément une courte période d'entraînement, par exemple 10 squat jumps juste après que tu te lèves.

La **récompense** : Apprécie un moment de détente après ton effort. Lis un chapitre d'un bon bouquin, prends une douche bien chaude, ou savoure ton petit-déj.

Ce système est souvent très efficace parce qu'il s'appuie sur notre tendance naturelle à céder aux "habitudes". Oui, tu as bien lu. Qui aurait cru que critiquer tes habitudes néfastes et en tirer profit de manière positive serait un si long chemin.

Faire le premier pas, c'est toujours le plus dur, mais quand tu commences à voir les bienfaits sur ta santé physique et mentale – ce "cercle de l'habitude" devient un allié fiable dans ta démarche de **self-discipline**. Un peu de patience, un grain de motivation et ton propre marin, et tu tiendras ce rythme avec aisance.

Pour finir, et avec un brin de camaraderie, dis-toi bien que bouger un peu chaque jour, c'est investir dans toi, dans ton bien-être et dans ta force mentale. Un chemin parsemé de **bénéfices** qui t'aideront à rester aligné avec tes objectifs et à écraser ces mauvais plis qui te barrent la route.

Optimisation du sommeil pour la clarté mentale

On va parler de l'impact de la qualité du **sommeil** sur la prise de décision et le contrôle des impulsions. Franchement, quand tu dors mal, c'est un vrai bazar dans ton cerveau. Prendre des décisions devient galère, t'as déjà remarqué ? Quand t'es **fatigué**, tout paraît plus compliqué. C'est comme si tes neurones faisaient du surplace. Dur de penser clairement. En plus, ça joue sur tes émotions. Tu te sens plus irritable, moins patient. Résultat : tes choix sont souvent impulsifs. Et souvent... pas géniaux.

Quand ton sommeil est de qualité, t'as cette **clarté** mentale, tu vois ? Tout semble plus facile. Prioriser, planifier, tout roule. Fascinant comme le cerveau marche mieux après une bonne nuit de sommeil. Faut dire que c'est pendant que tu dors que ton cerveau fait son ménage, il trie et il stocke les infos de la journée. Imagine, pas de tri, et c'est le bordel le lendemain.

Alors, comment faire pour bien dormir ? Déjà, il faut une bonne **routine** d'hygiène du sommeil. Mais c'est quoi au juste ? C'est plein de petites habitudes qui, ensemble, te garantissent des nuits réparatrices.

• **Heures fixes** : Essaie de te coucher et te lever à la même heure chaque jour, même le week-end. Oui, le week-end aussi ! Ton corps s'habitue à ce rythme.

• Écran off : Une heure avant d'aller au lit, plus d'écrans ! La lumière bleue des appareils, ça te donne un coup de peps. Pas idéal quand tu veux dodo.

• Ambiance zen : Ta chambre, c'est ton sanctuaire. Ambiance calme, pas trop de lumière. Les rideaux occultants sont tes potes !

• Routine du coucher : Un peu de lecture, de la méditation, un bain chaud... Choisis ce qui te détend. Un rituel qui dit à ton cerveau "Hey, c'est presque l'heure de dormir".

Maintenant qu'on a une routine d'hygiène de sommeil, parlons de la **relaxation** musculaire progressive. Cette technique, toute simple, peut te changer la vie. Genre ! Tu contractes et relâches progressivement chaque muscle de ton corps. Ça part des pieds jusqu'à la tête. Ça aide à détendre vraiment tout ton être avant de fermer l'œil.

Allongé dans ton lit, commence par contracter tes orteils pendant cinq secondes. Puis relâche. Passe aux pieds, mollets, jusqu'à la tête. Mais étape par étape. Cette progression, c'est vraiment apaisant. Ça te calme mentalement et physiquement.

D'autres astuces de la technique ?

• Respire profondément pendant que tu fais cette relaxation.

• Concentre-toi sur ta respiration. Inspire doucement par le nez, expire par la bouche.

Cette méthode, avec de la pratique, ça devient un pavé d'apaisement qui te prépare idéalement pour la nuit. Au début, ça peut te paraître un peu bizarre ou inutile, mais tu t'y habitueras, tu verras !

Pour finir, si tu souffres de **problèmes** de sommeil sérieux - consulte un pro. Certains troubles nécessitent plus qu'une simple routine ou technique.

Alors, prêt à optimiser ton sommeil pour une clarté mentale sans faille ? Allez, fonce ! Tu verras des **changements** incroyables dans ta prise de décision et ton contrôle des impulsions. Bien dormir, c'est clair, ça fait une différence énorme.

La connexion corps-esprit dans la maîtrise de soi

Le concept de la **cognition** incarnée, c'est hyper important pour comprendre comment ton corps et ton esprit sont liés. En gros, il dit que nos pensées, nos décisions et notre self-control sont influencés par notre état physique. C'est pas juste un truc abstrait. Par exemple, quand t'es **fatigué** ou mal en point, c'est carrément plus difficile de faire preuve de discipline. Ton corps et ton esprit doivent bosser main dans la main.

Tu peux utiliser ton langage corporel et ta **posture** pour booster ton mental et les choix que tu fais. Imagine. Tu te tiens droit, les épaules en arrière, la tête haute. Déjà, tu te sens plus puissant et plus sûr de toi. Ton cerveau capte ce message et bam, tu prends des décisions plus affirmées, tu résistes mieux aux tentations. Essaie ! Au lieu de traîner les pieds et de baisser la tête, marche d'un bon pas, redresse-toi et regarde droit devant. Ça change tout !

Il y a cette technique, assez cool, appelée "**pose** de pouvoir". Tu te mets dans une position qui incarne la puissance, genre les bras en l'air comme un V ou les mains sur les hanches à la Wonder Woman. Tiens cette pose pendant deux minutes. Au début, tu te sens un peu idiot, mais ensuite, tu sens la différence. Tu te sens plus confiant, prêt à dominer ta journée. T'as plus de self-control, donc, quand une tentation se pointe, t'es armé pour lui dire non.

Et c'est pas des bêtises. Des études montrent que la "pose de pouvoir" peut vraiment influer sur tes **hormones**, comme le cortisol et la testostérone. Donc, tu réduis le stress et augmentes la confiance en toi. Pas mal, non ? Et t'as même plus besoin de trouver une excuse pour prendre une pause au boulot. Juste mettre en pratique une petite astuce de self-care.

Passons maintenant aux actions concrètes où la cognition incarnée et le langage corporel se rejoignent. Tu te demandes sûrement comment tout ça peut t'aider dans ta vie de tous les jours. Bon, on va casser des mythes ici. Par exemple, t'as ce truc simple comme la **respiration** profonde. Quand t'es stressé ou tenté de manger ce quatrième cookie, prends un moment. Pose ta main sur ton ventre, inspire profondément pendant 4 secondes, retiens-le pour 4 secondes, puis souffle doucement. En un rien de temps, ton corps et ta tête sont plus calmés, et tu reprends tes esprits pour faire un choix plus intelligent.

Y a aussi le **sommeil**. Crois-moi, les jours où t'as pas bien dormi, c'est la lutte pour faire n'importe quoi de productif. Dormir bien, c'est comme recharger une batterie. Fais en sorte d'avoir un bon cycle de sommeil et tu verras comment tes efforts pour rester discipliné deviendront plus faciles.

Alors, voilà des trucs à essayer. Bien se tenir, poser comme un modèle de Vogue et respirer comme un pro du yoga. Petits gestes, grand impact. L'équilibre entre ton corps et ton esprit joue un rôle énorme. Tu n'avances rien sans **effort** et **discipline** dans ta routine physique et c'est la clé. Retiens que chaque geste compte pour influencer tes actions et meilleures décisions. Un esprit fort dans un corps sain, tout simplement.

Exercice pratique : Créer un plan de santé holistique

Allez, on va s'attaquer à un truc super important : évaluer tes **habitudes** actuelles en matière de nutrition, d'exercice et de sommeil. Tu bouffes quoi en général ? Tes repas sont souvent déséquilibrés, pleins de trucs sucrés et gras ? Côté **exercice**, tu te bouges régulièrement ou pas du tout ? Tu fais du sport souvent ou juste une fois dans l'année ? Et le **sommeil**... Tu pionces assez ? T'es du genre à te coucher à pas d'heure devant Netflix ou tu t'endors comme une masse dès que ta tête touche l'oreiller ? Réfléchis-y un peu.

Ensuite, faut que tu te fixes des **objectifs** précis et mesurables. Par exemple, pour la nutrition, tu peux décider de manger cinq portions de fruits et légumes par jour. Pour l'exercice, pourquoi pas trente minutes de cardio trois fois par semaine ? Et pour le sommeil, huit heures par nuit, ça te dit ? Fixe des trucs concrets, c'est crucial.

Passons au plan de repas hebdomadaire. Pas besoin de jouer les chefs étoilés. La **simplicité**, t'as capté ? Garde tes objectifs en tête : mets des fruits, des légumes, des protéines saines. Évite les trucs trop gras et sucrés. Prévois des repas faciles à préparer pour pas craquer sur une pizza quand t'es naze.

Pour l'exercice, crée une **routine** qui te botte. Si t'aimes pas courir, te force pas ! Si la salle de sport te saoule, trouve autre chose. N'oublie pas, la régularité, c'est la clé. Mieux vaut trois petites sessions par semaine que dalle. Trouve l'activité qui te plaît et cale-la dans ton emploi du temps.

Et puis le sommeil, le saint Graal... Établis une routine pour te coucher. Déconnecte-toi des écrans une heure avant. Une tisane, un bouquin, un peu de méditation – pour bien te détendre. Essaie de te coucher et de te lever à des heures régulières. Évite la grasse mat' démesurée le week-end – même si c'est tentant.

Une fois ton plan au point, mets-le en **pratique** pendant deux semaines. Fais gaffe à ce que tu manges, à ton activité physique, ton sommeil. Note tes jours au top et ceux où c'est moins ça. Faut suivre tes progrès pour vraiment voir ce qui marche et ce qui foire complètement.

Après deux semaines, évalue l'**impact**. T'as plus la patate le matin ? Tes journées te semblent plus productives ? T'as l'esprit moins dispersé ? Observe comment ces changements influencent ta concentration et ta discipline.

Puis, ajuste ton plan selon tes observations. Tu réalises peut-être que trente minutes de cardio c'est trop, ou que tu préfères nager ? Après avoir fait tes ajustements, poursuis ton plan pendant un mois entier. Continue de suivre tes progrès et fais les modifications nécessaires.

Mettre en place ce genre de plan peut paraître flippant, mais aborde-le comme un test technique. Ouais, y'a des ratés possibles, mais le gain potentiel ? Énorme. Tes **objectifs** doivent coller à ta vie, pas l'inverse. On y va doucement – étape par étape, en toute simplicité.

En Conclusion

Cette dernière leçon t'a aidé à **comprendre** l'importance vitale de ta santé physique pour améliorer ton **autodiscipline**. Tu as exploré plusieurs aspects, de la **nutrition** à l'exercice physique, en passant par l'importance d'un bon **sommeil**. Voici les points clés à retenir :

Une alimentation équilibrée te permet de maintenir un niveau d'**énergie** constant et de rester concentré. Un **exercice** régulier t'aide non seulement à améliorer ta forme physique, mais aussi ton humeur et ta fonction cognitive. La qualité du sommeil influence directement ta capacité à prendre des décisions et à exercer le contrôle de soi. Le lien entre le corps et l'esprit suggère que ta **posture** peut affecter tes états mentaux. Un plan de santé complet t'aide à rester sur la bonne voie et à atteindre tes **objectifs**.

En gros, en appliquant ce que tu as appris, tu remarqueras des améliorations dans plein d'aspects de ta vie quotidienne. Prends soin de toi, bouge régulièrement et repose-toi suffisamment pour renforcer ton autodiscipline. T'as tout ce qu'il faut pour réussir, alors fonce !

Chapitre 10 : Régulation émotionnelle et autodiscipline

T'es souvent surpris par tes **émotions** ? Moi aussi, ça m'arrive. On peut parfois se sentir submergé, pris au dépourvu par une montée de colère ou une vague de **tristesse**. Ça te parle, non ? Dans ce chapitre, je veux partager avec toi des moyens simples et puissants pour mieux gérer ces moments.

Imagine pouvoir utiliser tes émotions comme une source de **motivation** au lieu de l'ennemi à contrôler. C'est ce que cette lecture va accomplir pour toi. Ici, je vais te montrer comment identifier et gérer tes **déclencheurs** émotionnels - oui, ceux qui te rendent fou ou triste d'un coup. Mais pas que. On va creuser aussi les techniques pour l'**autocontrôle** émotionnel. Oui, c'est possible.

Tu te demandes, "Pourquoi je devrais lire ce truc ?" Eh bien, parce que découvrir et développer ton **intelligence** émotionnelle peut changer pas mal de choses dans ta vie. Je ne parle pas juste de grands mots, mais d'une vraie compréhension de toi-même. Je vais même finir avec un **exercice** pratique d'observation de tes émotions et de planification de réponse.

On se lance là-dedans ensemble. Allez, on y va !

Identifier et gérer les déclencheurs émotionnels

Parlons un peu de l'**intelligence émotionnelle**. C'est hyper important pour l'autodiscipline, tu sais ? En gros, c'est la capacité de comprendre et de gérer tes propres émotions, et celles des autres aussi. Si tu arrives à reconnaître tes émotions, tu peux les contrôler plutôt que de les laisser te contrôler. C'est un peu comme être le **conducteur** de ta propre voiture, au lieu de laisser les émotions prendre le volant.

Imagine, t'es en train de bosser sur un projet perso, et paf, une énorme vague de **stress** débarque. Si t'as une bonne intelligence émotionnelle, tu peux prendre du recul, identifier ce qui te stresse et y faire face de manière positive. Ça t'aide aussi à rester concentré et à ne pas céder à la tentation de tout laisser tomber pour, je sais pas moi, mater des séries toute la nuit.

Un bon moyen de commencer à muscler ça, c'est de créer un **journal des déclencheurs émotionnels**. Tu notes simplement ce qui s'est passé quand t'as ressenti une émotion intense : stress, colère, tristesse, joie, peu importe. Par exemple, tu prends note des moments où tu t'es senti énervé ou anxieux. Ensuite, tu décris ce que tu faisais juste avant, qui était avec toi, et quelles étaient tes pensées ou tes sensations à ce moment-là. Ça t'aide à repérer des schémas. Genre, si tu remarques que chaque fois que tu dois parler en public, ton cœur fait un marathon... tu sauras que c'est un déclencheur pour toi.

Une autre astuce trop cool pour gérer les émotions fortes, c'est la technique "**STOP**". C'est tout simple. Quand tu te sens débordé par une émotion :

- Stop : Tu t'arrêtes net dans ce que tu fais.

• Respire : Tu prends une grande respiration, lente et profonde. Tu répètes si besoin.

• Observe : Tu regardes ce qui se passe en toi et autour de toi. Quelles sont tes pensées ? Tes sensations ? Pourquoi tu te sens comme ça ?

• Continue : Une fois que t'as pris un moment pour respirer et observer ta situation, tu peux continuer ce que tu faisais, mais de manière plus calme et réfléchie.

Ça peut paraître bête, mais **respirer** profondément comme ça, en pleine crise de stress, ça change tout. Genre vraiment. Ça ramène ton esprit dans l'instant présent, et te permet de prendre de meilleures décisions. Après tout, c'est pas en fonçant tête baissée qu'on arrive à maîtriser ses émotions.

Imagine, un jour normal au taf ou à l'école, et une mauvaise nouvelle tombe. Tu sens ta température monter, ton cœur s'emballer. Tu t'appliques la technique STOP. Tu t'arrêtes, tu respires, et tu observes : "Ok, cette nouvelle me stresse parce que j'ai peur de l'imprévu." Ensuite, tu continues, mais de manière posée et concentrée. Tu peux mieux gérer la situation. C'est dingue à quel point ça marche.

Alors, tu vois, en combinant l'intelligence émotionnelle, un journal des déclencheurs, et la technique STOP, t'as un trio gagnant pour maîtriser tes **émotions** ! C'est sûrement plus facile à dire qu'à faire, mais un petit effort chaque jour, ça peut apporter de gros changements.

Bref, fais ce test, et vois comment ça marche pour toi. Après tout, on a tous des émotions. C'est juste une question de savoir les **dompter** un peu.

Techniques pour le contrôle émotionnel de soi

Parlons de la première méthode : **développer** un vocabulaire pour les émotions.

Imagine que tu n'as que quelques mots pour décrire ce que tu ressens – genre heureux, triste, en colère. Pas vraiment suffisant, hein ? Avoir un vocabulaire plus riche te permet de mieux **comprendre** et différencier tes émotions. En vrai, ressentir de la frustration, ce n'est pas pareil qu'être fâché. Si tu arrives à mettre un mot précis sur ce que tu ressens, c'est plus facile de trouver comment réagir.

Quand tu développes un vocabulaire pour les émotions, tu deviens plus **conscient** de toi - ta conscience émotionnelle s'améliore. Imagine que tu as passé une mauvaise journée au boulot. Si tu peux dire "je suis frustré parce que j'ai l'impression que mon travail n'est pas reconnu" au lieu de juste dire "je suis en colère", tu pourras mieux saisir d'où ça vient. Ça aide vraiment à réduire la réaction impulsive.

On peut aller encore plus loin avec la **réévaluation** cognitive. C'est un terme un peu technique, mais t'inquiète, ce n'est pas si compliqué. Imagine que tu as raté une opportunité, genre un entretien d'embauche. Ta première réaction, c'est de te sentir nul et découragé. Mais si tu prends un moment pour changer ta perspective - pour penser que chaque échec est une chance d'apprendre et de s'améliorer - tes émotions vont changer aussi.

La réévaluation cognitive, c'est comme voir le verre à moitié plein plutôt qu'à moitié vide. Ça demande de l'entraînement, bien sûr. Ce n'est pas un truc que tu apprends en une nuit. Il faut prendre l'habitude de trouver un angle positif ou constructif, peu importe la situation. Genre, "OK, j'ai raté cet entretien mais j'ai appris comment mieux répondre à telle question". Tu verras, ça change ton **ressenti**.

Parlons maintenant de la "**distanciation** émotionnelle". Une autre technique super utile pour prendre du recul quand les émotions deviennent trop intenses. Imagine-toi en plein conflit avec ton meilleur pote. La colère monte et tu as envie de crier. Prends juste un instant pour faire un pas en arrière, mentalement. Comme si tu étais un observateur, extérieur à la situation. Ce n'est pas facile, mais en pratiquant, tu peux y arriver.

La distanciation émotionnelle, c'est un peu comme sortir de ton corps pour regarder ce qui se passe de l'extérieur. Tu te dis, "OK, je me sens super en colère en ce moment, mais je vais observer d'abord, avant de réagir." Essaie de voir la situation comme un tiers le ferait. Souvent, ça permet de diminuer l'**intensité** des émotions. Et en plus, ça t'évite de dire ou faire des trucs que tu pourrais regretter plus tard.

Toutes ces techniques servent à quoi ? À mieux gérer tes émotions et à te **discipliner** face à elles. Plus tu t'entraînes à les utiliser, et tu veux savoir quoi ? Plus ton contrôle de toi s'améliore. Alors, patience et entraînement, c'est la clé.

Utiliser les émotions comme motivation

Parlons un peu de comment utiliser les **émotions**, qu'elles soient positives ou négatives, pour te **motiver** à atteindre tes objectifs. T'as sûrement déjà ressenti un boost de motivation après une discussion ou un événement qui t'a bien touché. Eh bien, c'est ce même principe qu'on va approfondir ici.

Souvent, quand t'es super content, t'as envie de déplacer des montagnes. Genre, t'as une super nouvelle et d'un coup, rien ne te paraît impossible. C'est ça, utiliser une émotion positive pour booster ton énergie. Quand tu ressens cette bouffée d'**enthousiasme**, c'est le moment idéal pour te lancer dans des actions qui te rapprochent de tes buts. Fais en sorte de garder ce sentiment, note-le dans ton agenda, fais un truc qui te rappelle ce moment.

Et les mauvaises émotions, tu vas me dire ? Elles peuvent être tout aussi puissantes. Imagine, t'es vraiment frustré, peut-être que quelqu'un t'a mal parlé. Transforme cette colère en un **carburant** pour avancer. Utilise cette rage non pas pour te défouler inutilement, mais pour te donner la force de prouver aux autres (et à toi-même) que tu vaux mieux que ce qu'ils pensent. Cette énergie peut être hyper puissante. À toi de la contrôler et de la diriger.

Créer des ancres émotionnelles, c'est justement cette idée de lier une émotion forte à une action précise. Genre, chaque fois que tu ressens de la **gratitude**, décide de noter trois trucs que tu veux accomplir dans la journée. Petit à petit, ton cerveau fera l'association entre ce sentiment de gratitude et ton envie de "faire". Avec le temps, ces ancres te faciliteront la vie parce que ces émotions déclencheront automatiquement un comportement positif.

Passons à une technique super cool : la **visualisation** du "soi futur". Tu sais, cette méthode où tu te vois dans 5, 10 ans, ayant atteint tous tes rêves. Genre, imagine la vie que tu désires vraiment, ressens la joie, l'accomplissement, un peu comme si c'était déjà fait. Ressens tout ce que tu aimerais avoir accompli. Quand tu fais ça, t'es pas juste en train de rêver, mais tu actives vraiment des émotions positives qui vont t'encourager à passer à l'acte. Et ouais, ça te motive grave !

Quand t'es en train de visualiser, essaie de rendre le moment le plus réaliste possible. Voir des détails, genre les lieux, les personnes autour de toi, ce que tu ressens en ayant atteint ces objectifs. Le cerveau fonctionne de manière tellement complexe, mais simple à la fois — ces images et émotions que tu anticipes en visualisant, ben, elles te poussent naturellement à faire ce qu'il faut pour y accéder. Fascinant, non ?

Transformer ses émotions, qu'elles soient positives ou négatives, en moteurs de **motivation**, c'est vraiment une manière puissante de renforcer son **autodiscipline**. Tu crées un cercle vertueux où, plus tu t'ancres émotionnellement à tes actions, plus tu désires les accomplir et voir tes rêves se réaliser. On avance toujours, petit à petit.

Te visualiser avec tout ce que tu veux vraiment t'insuffle de l'énergie à fond. C'est difficile, mais tellement gratifiant. Continue à pratiquer et tu ressentiras ce transfert d'énergie devenir de plus en plus spontané. Voilà comment tu utilises les émotions comme moteur pour avancer vers tes buts, en gardant toujours en toi cette force émotionnelle. Prêt à y aller ?

Développer l'intelligence émotionnelle

Tu dois savoir une chose : l'**intelligence émotionnelle** (IE), c'est crucial pour la maîtrise de soi. Genre vraiment essentiel. Tu te demandes peut-être ce que ce terme veut dire. Eh bien, on parle ici de quatre composants :

- La conscience de soi

- La gestion de soi

- La conscience sociale

- La gestion des relations

La conscience de soi, c'est connaître tes propres **émotions**. Regarder à l'intérieur de toi et comprendre ce que tu ressens, sans te mentir. Cette conscience t'aide énormément pour agir de manière cohérente avec tes valeurs. Un peu comme avoir un miroir où tu vois clairement ton visage, ça te renseigne sur ton état émotionnel du moment. Pourquoi ? Parce que t'es honnête avec toi-même. Simple mais efficace.

La gestion de soi... Là, ça se complique un peu, non ? Alors, ça implique de gérer tes émotions et comportements. Ça veut dire, par exemple, rester calme sous la pression. T'arrives à pas exploser de colère quand quelqu'un te coupe la route ? Ben, voilà, t'as ça. Une petite astuce - la respiration profonde. Inspirer... expirer... Parfois, c'est suffisant pour éviter des réactions exagérées.

La conscience sociale vient après. C'est un instinct. Arriver à sentir les émotions des autres, être à leur écoute. Pour améliorer ça, pratique l'écoute active. Pas seulement entendre, mais vraiment écouter. Pose des questions pour comprendre et fais attention aux indices non verbaux, comme les gestes ou les expressions du visage. En écoutant activement, tu deviens plus empathique et ça aide pour de meilleures interactions.

Ensuite, **la gestion des relations**. Un peu le bouquet final de l'IE. Comment tu gères tes relations avec les autres ? Là, avoir de l'empathie devient crucial pour créer des connexions. Comprends leurs émotions, réponds de manière appropriée et cultive des relations positives. C'est un investissement, mais ça vaut le coup.

Maintenant, parlons de l'étiquetage des émotions. Une méthode super utile. Quand tu ressens une émotion forte, trouve un mot précis pour la décrire. Anaïs Nin a dit : « Nous ne voyons pas les choses comme elles sont, nous les voyons comme nous sommes. » Approfondissons ça. Imagine que tu te sens « mal ». Poof. Parti comme ça. Pourquoi ce sentiment ? Ah... Peut-être que t'es « frustré » ou « inquiet » ou « déçu ». En nommant la vraie émotion, tu casses son mystère. La confusion diminue et tu apprends à mieux comprendre tes propres réactions.

Rien de tout ça n'est facile, hein. Chaque morceau prend du temps et des efforts. Mais chaque petit pas compte. Respire profondément, écoute vraiment les autres, nomme tes **émotions**. Ce sont juste des outils dans ta manche. Plus t'es capable d'utiliser ces propres outils, plus tu améliores ta maîtrise de soi. Simple et efficace.

T'as compris ? Garde ces notions en tête. Applique-les au quotidien. Avec le temps, tu apercevras comment ça change ta manière d'être, interagit avec les autres, et ça te rapprochera de tes objectifs sans tout saboter en chemin. Émotion par émotion, on devient meilleur.

Exercice pratique : Suivi des émotions et planification des réponses

Allez, on se lance dans cet **exercice** pratique en huit étapes. Pour commencer, prends un carnet dédié. Ce sera ton **journal** des émotions. Ouais, un journal intime mais pour ton humeur. Pendant une semaine, note chaque jour ce que tu ressens. T'es en colère ? Triste ? Excité ? Frustré ? Toutes les émotions sont les bienvenues ici. Note aussi ce qui les a déclenchées. Que ce soit un collègue pénible, un coup de fil inattendu ou même un trajet galère.

Après cette semaine, fais le point. Épluche tes notes et cherche à repérer des **schémas**. T'es toujours à cran après un appel de ton chef ? Tu te sens souvent au top après ton footing du matin ? Lis entre les lignes pour piger ce qui influence tes humeurs.

Ensuite, focalise-toi sur trois gros **défis** émotionnels. Mettons, si les bouchons te rendent dingue régulièrement, note-le comme un de tes défis à gérer. Si parler en public te file des sueurs froides, c'en est un autre. Choisis ceux qui reviennent souvent et impactent le plus ton quotidien.

Une fois tes défis identifiés, prépare tes **réponses**. Imagine des solutions spécifiques pour chaque émotion difficile. Face aux embouteillages, concocte une playlist de tes sons préférés pour te détendre ou pense à des techniques de respiration pour calmer tes nerfs. Pour le trac, note des exercices de relaxation ou visualise-toi en train de parler, cool et posé.

Ici, l'important c'est de t'entraîner. Quand tes fameux déclencheurs se pointent, mets en pratique tes plans de réponse. Exerce-toi à réagir différemment. Tu sens la frustration monter au volant ? C'est le moment de tester cette playlist zen que t'as préparée.

Ensuite, fais le point chaque jour. Après avoir utilisé tes **stratégies** de réponse, prends quelques minutes avant de dormir pour évaluer leur efficacité. Ce trajet t'a paru moins stressant avec cette musique relaxante ? Ou ces exercices de relaxation t'ont aidé avant cette réunion ? Note ces réflexions quotidiennes, sans te juger.

N'oublie pas, adapte tes plans selon tes retours. Si la musique zen ne marche pas, essaie d'autres trucs comme des podcasts marrants ou des coups de fil à un pote. Change les stratégies jusqu'à trouver celles qui te conviennent le mieux.

Pour finir, cette pratique doit durer un mois entier. Un vrai **cadre** pour booster tes compétences en gestion émotionnelle. Continue d'ajuster, noter et réévaluer jusqu'à ce que tes plans de réponse deviennent un réflexe.

Et voilà, un exercice qui peut vraiment changer ta façon de voir les choses. S'y investir à fond, c'est apprendre à mieux se connaître et développer une vraie **discipline** émotive... sans se prendre la tête. Courage !

En conclusion

Ce chapitre t'a embarqué dans un **voyage** d'introspection pour explorer comment **réguler** tes émotions et améliorer ton **autodiscipline**. Tu as pu comprendre les **mécanismes** de ton propre esprit pour mieux gérer tes réactions émotionnelles.

Dans ce chapitre, tu as découvert l'importance de l'**intelligence** émotionnelle pour l'autodiscipline. Tu as appris à mettre en place un journal des **déclencheurs** émotionnels pour repérer des schémas récurrents. La technique "STOP" (Arrêter, Respirer, Observer, Procéder) t'a été présentée pour gérer des émotions intenses. Tu as aussi exploré l'usage de la réévaluation cognitive pour modifier tes réponses émotionnelles. Enfin, tu as vu comment l'effet motivant des émotions peut être utilisé de manière positive ou négative pour atteindre tes **objectifs**.

Ce chapitre t'invite à utiliser ces outils pour mieux te comprendre, te contrôler et t'encourager chaque jour dans tes projets. Apprends à reconnaître et gérer tes émotions, et tu seras capable de relever tous les **défis** avec confiance et détermination. Mets ces techniques en pratique et observe les changements dans ta vie ! Tu verras, ça vaut vraiment le coup d'œil.

Chapitre 11 : Techniques de productivité pour l'esprit discipliné

T'es-tu déjà retrouvé à la fin d'une **journée** de boulot avec l'impression de n'avoir rien accompli ? C'est frustrant, pas vrai ? Je pense que ce chapitre va t'apporter un nouvel **éclairage** sur cette question. On vit tous dans un monde saturé de **distractions**. Au début, j'étais aussi coupable de vouloir tout faire en même temps, de **jongler** avec plusieurs tâches. Puis j'ai découvert des techniques simples qui, à mon avis, peuvent changer ta vie autant qu'elles ont changé la mienne.

Ici, tu vas apprendre à mieux **rythmer** tes journées. Essaie de te concentrer davantage sur une seule tâche à la fois. Ensuite, on teste un petit mix d'astuces : boucler les petites tâches en moins de deux minutes, regrouper les activités que tu aimes moins, ou même utiliser la **technologie** à ton avantage pour rester sur la bonne voie.

Côté pratique, je vais te guider à travers un exercice pour auditer ta **productivité** et en sortir avec un plan concret d'amélioration. L'expérience pourrait même te pousser à revoir complètement ta façon de bosser. Imagine-toi profiter davantage de ton temps précieux tout en étant plus **efficace** !

Sans plus attendre, plongeons ensemble dans ce chapitre. Tu verras que de petits changements peuvent vraiment faire toute la différence. Je suis là pour t'aider à transformer ta discipline et tes opportunités. C'est parti !

Tâche unique vs. Multitâche

Ah, la **multitâche**. Ça te fait sentir hyper-productif, non ? En réalité, ça coûte cher. Les coûts cognitifs du changement de tâche, c'est un vrai problème. Imagine : tu es en train de rédiger un e-mail important et puis, ding, tu reçois une notification. Une petite vérification rapide, et hop, ton attention s'égare. Tout ce switch mental affecte ta **concentration**. Tu n'as même plus le temps de te remettre dans le bain avant qu'une autre distraction frappe.

Passons à autre chose : créer un environnement super concentré pour travailler sur une seule tâche. Tant de facteurs comptent. Tiens, débarrasse-toi des distractions ! C'est une première règle d'or. Mets ton téléphone en mode avion ou, mieux, laisse-le dans une autre pièce. Mets aussi une musique douce ou des effets sonores blancs pour neutraliser les bruits déroutants. Et crois-moi, ça aide de désactiver ces fichues notifications !

Commence par définir un créneau de temps spécifique vraiment dédié à une **tâche unique**. Quelques heures idéalement. Utilise un minuteur type Pomodoro si ça t'aide. Trente minutes de boulot, cinq minutes de pause. Répète et tu te sentiras accompli sans ambiguïté.

Si tu tombes par hasard sur quelque chose de mineur pendant ta session de concentration, ne change pas de cap pour essayer de le résoudre immédiatement. Note-le simplement quelque part pour le vérifier plus tard. En gardant toutes ces petites dérives pour plus tard, tu pourras continuer de te concentrer sur la tâche en cours. Moins de changements = efficacité moins gaspillée !

Alors, le **groupement de tâches**, comment tu fais ? Simple, tu réunis un tas de tâches similaires et tu les attaques toutes d'un coup. Suppose que tu as plusieurs mails à répondre ou des factures à traiter. Regroupe tous ces trucs identiques et consacre une plage de temps exclusivement à ces activités.

Pense aussi à utiliser des **blocs thématiques**. Par exemple, les matins pour les tâches techniques, l'après-midi pour les réunions, ou les fins de journée pour les moments de réflexion et les idées créatives. Classe par thèmes et tu gagneras en efficacité !

En adoptant ces techniques, tu verras que ta **productivité** augmentera considérablement. Tu réduiras ta charge mentale et tu te sentiras plus en contrôle de ton travail. L'important est de trouver un système qui te convient et de l'adapter à tes besoins spécifiques.

N'oublie pas que le but n'est pas seulement d'être plus efficace, mais aussi de réduire le stress et d'améliorer ta qualité de vie au travail. Prends le temps d'observer ce qui fonctionne le mieux pour toi et ajuste ta **stratégie** en conséquence.

En fin de compte, en te concentrant sur une tâche à la fois et en organisant intelligemment ton temps, tu découvriras que tu peux accomplir bien plus, avec moins de fatigue et plus de **satisfaction**. Alors, prêt à dire adieu au multitâche et bonjour à une nouvelle façon de travailler ?

La règle des deux minutes pour les petites tâches

Tu sais, **finir** rapidement les petites tâches peut vraiment avoir un effet magique sur ton cerveau. T'as déjà remarqué comme tu te sens bien quand tu termines quelque chose en un claquement de doigts ? C'est parce que ton cerveau libère des hormones du bonheur, te récompensant pour avoir accompli une tâche. Ça **booste** ta confiance en toi et te motive à en faire plus. Donc, chaque mini-victoire te rapproche de tes grands objectifs. Tu te dis, "tiens, c'était facile !" et ça crée une dynamique positive.

Pour que ça marche, il faut d'abord repérer ces fameuses tâches de deux minutes ou moins. Demande-toi : est-ce que cette tâche est rapide à faire ? Comme répondre à un mail, essuyer une table, ou classer des docs. Fais une liste des trucs que tu fais souvent et regarde lesquels tu peux cocher en quelques minutes. Avoir cette liste prête te permet de sauter directement à l'action, sans perdre de temps à réfléchir quoi faire.

Le principe du "fais-le maintenant" est **clé**. Tu vois, c'est facile de laisser les petites tâches s'accumuler, et avant que tu t'en rendes compte, ça devient un gros tas de boulot. La pile de vaisselle, les papiers qui s'entassent… ça peut vite devenir écrasant. Mais en adoptant une attitude de "fais-le maintenant", tu t'allèges mentalement. Tu évites cet état d'avoir trop de trucs en attente. Prends l'habitude de te dire : "Si ça prend moins de deux minutes, je le fais tout de suite".

Comme ça, ta journée semble moins **chargée**, et t'auras plus d'énergie pour les trucs importants. En fait, le cerveau est plus motivé à démarrer des tâches courtes car elles demandent moins d'effort mental. Alors, en finissant plein de petites choses, tu accumules des petites victoires personnelles. Et ça compte beaucoup pour garder la **motivation**.

Pense à la règle des deux minutes comme à un allié contre la **procrastination**. Par exemple, plutôt que de passer des heures à planifier ou organiser ce que tu dois faire, tu peux directement commencer avec les petites tâches. Pas besoin d'attendre l'inspiration divine… juste passe à l'action tout de suite.

Tu remarqueras que ton niveau de **stress** diminue, car tu vois des résultats immédiats. Et c'est ça la magie de cette technique. Ça peut complètement changer la manière dont tu gères tes journées. Plus de listes interminables de tâches non faites, juste des petites réussites qui s'enchaînent.

Alors, prochaine fois que t'hésites devant une tâche, demande-toi : "Est-ce que ça prend moins de deux minutes ?" Si la réponse est oui, fais-la sans attendre. C'est une petite **action**, mais crois-moi, ça peut avoir un grand impact.

Regroupement d'activités similaires

Tu sais ce que c'est le **changement** de contexte ? C'est ce moment où tu passes d'une tâche à une autre et que ton cerveau fait "fluette-bit". En gros, quand tu fais ça, tu perds de l'énergie mentale. Chaque fois que tu switches, il te faut un moment pour te recentrer et retrouver ton flow. Comme quand tu passes d'étudier des maths à lire un roman. Ton cerveau doit s'ajuster pour passer du raisonnement logique à l'imagination.

Ce changement bouffe de l'énergie et casse ton **focus**. Le résultat ? T'es moins efficace et plus fatigué. Mais t'inquiète, y a des moyens pour canaliser tout ça. Un des trucs, c'est de regrouper des tâches similaires. Par exemple, t'as 30 mails à lire et 20 tweets à débrouiller. Au lieu de sauter de l'un à l'autre, fais une session de mails, puis passe aux réseaux sociaux. En faisant ça, tu baisses la charge cognitive.

Et tu sais quoi ? Les journées **thématiques** peuvent carrément t'aider. Imagine ça : tu bloques ton lundi pour tout ce qui est administratif – mails, factures, papiers en tout genre. Mardi, ce sont les tâches créatives – écriture, design, brainstorming. Ça te permet de bosser en profondeur sans être interrompu par des trucs random. Un autre avantage ? Tu crées une routine qui file un coup de main à ton cerveau pour s'adapter.

Tu te lèves le matin et bam, tu sais que c'est une journée admin. Pas besoin de réfléchir où commencer. Ton flux est nickel. Du coup, t'es hyper focus sur ton **boulot**, tu perds moins de temps et tu réduis beaucoup le stress né d'un travail fragmenté.

C'est pas magique, mais ça y ressemble. Les journées thématiques te forcent un peu à être strict sur ton emploi du temps, mais les bienfaits en valent largement le coup. Genre, ta **productivité** fait un bond et ton esprit reste plus serein. Tu te concentres où ça compte sans être distrait par mille et une tâches non prioritaires.

Et puis, y a la gestion des **pauses**, tout aussi importante. Regrouper des tâches similaires te permet aussi de mieux gérer ces moments-là. Par exemple, une fois ta session de mails terminée, tu fais une petite pause avant de te lancer dans ton bloc suivant – comme les appels téléphoniques. Ça laisse ton cerveau respirer mais garder le focus dans la même vibe.

Tu vois ? En pensant un peu en amont à comment assembler tes tâches, tu économises du temps et de l'énergie mentale. Et en appliquant la technique des journées thématiques, t'arrives à structurer ta semaine intelligemment. Tu bosses mieux et sans te griller.

Pourquoi le faire ? Parce qu'on a tous des vies bien remplies – tu sais, le taf, la famille, les plans perso. Optimiser ta manière de gérer ces **tâches**, c'est dur au début. Mais le jeu en vaut la chandelle.

T'as plus qu'à essayer par toi-même. Bloque tes tâches similaires et organise tes journées par thème. Et observe combien tu te sens plus **productif** et moins épuisé. Allez, fonce !

Utiliser la technologie pour améliorer ta productivité

Tu as sûrement entendu parler du **minimalisme** numérique. En gros, c'est l'idée de réduire la quantité de technologie et d'outils numériques que tu utilises pour te concentrer sur l'essentiel. Trop de gadgets et d'applis peuvent facilement devenir distrayants. Le minimalisme numérique t'encourage à n'utiliser que ce qui est vraiment utile et à éviter le superflu. Par exemple, au lieu d'avoir plusieurs applications pour la même tâche, choisis-en une et reste-lui fidèle. Ça te permet non seulement de gagner du temps, mais aussi de garder l'esprit plus clair.

Parlons maintenant de choisir et utiliser des applications de **productivité**. Le marché est inondé de tonnes d'applis, chacune promettant de changer ta vie. Mais elles ne sont pas toutes faites pour toi. Il est important de choisir celles qui correspondent à ton style de travail. Tu aimes les to-do lists classiques ? Alors, utilise une appli simple comme Google Keep ou Microsoft To-Do. Tu préfères un tableau visuel ? Trello pourrait être ton meilleur pote. Prends le temps de tester différentes options et de voir laquelle te correspond le mieux pour maximiser ton efficacité. Une fois que tu as trouvé, essaie de t'y tenir autant que possible.

Voici une méthode un peu moins connue mais super efficace, l'**audit** technologique. C'est quoi exactement ? C'est une sorte de nettoyage de printemps pour tes outils numériques. Tu commences par recenser toutes les applications et services que tu utilises. Ça peut être étonnant de voir combien d'applis se sont accumulées au fil du temps ! Ensuite, demande-toi si chacun de ces outils t'aide vraiment ou s'il te distrait plus qu'autre chose. Les applis inutiles ? On les vire. Les doublons ? Dehors aussi. L'idée est de rationaliser ce que tu utilises pour minimiser les interruptions et distractions.

Une fois cet audit fait, désactive aussi les **notifications** des applis non essentielles. Chaque notification est une opportunité en moins de te concentrer. As-tu vraiment besoin de savoir chaque fois qu'une vidéo drôle est postée sur Facebook ? Probablement pas. Tant que tu y es, paramètre des moments spécifiques dans ta journée pour vérifier tes mails ou messages. À la longue, tu réaliseras que tu gagnes en efficacité en jetant un œil à ces choses moins souvent et de manière plus concentrée.

Pour un esprit plus tranquille, pense aussi à faire des **pauses** régulières. En effet, la technologie peut fatiguer ton cerveau. Utilise une appli comme Focus Booster pour t'aider à structurer ton temps. Ça te permettra de travailler intensément pendant 25 minutes puis de t'accorder une pause de 5 minutes. Trois ou quatre cycles comme ça et tu seras surpris de tout ce que tu réussis à faire.

Confier ta productivité à la technologie sans trop te disperser, c'est de cela qu'il s'agit. En gros, moins c'est parfois plus, et **simplifier** ton environnement peut booster incroyablement ta capacité à rester concentré et productif.

En résumé, commence par adopter le minimalisme numérique. Une fois que tes outils sont raffinés et que tes applis sont choisies avec soin, passe en mode audit régulier. Ton esprit sera moins distrait et plus focalisé sur ce qui compte vraiment. Garde en tête ces petits **trucs** et ton quotidien pourrait devenir bien plus **efficient**.

Alors, qu'attends-tu pour essayer ces techniques simples mais efficaces ?

Exercice pratique : Audit de productivité et plan d'amélioration

Commence par **suivre** tes activités quotidiennes et niveaux de productivité pendant une semaine. Note ce que tu fais, quand tu le fais, et combien de temps chaque tâche prend. L'objectif, c'est simplement de tout noter pour analyser plus tard.

Une fois ta semaine de suivi terminée, examine tes notes et identifie tes moments les plus productifs. Essaie de repérer les instants où tu te sens le plus concentré et efficace. C'est peut-être en début de journée, après la pause déjeuner, ou tard le soir. Ces créneaux de haute productivité, c'est ce que tu veux optimiser.

Maintenant, fais l'inventaire de tes distractions habituelles. Es-tu sans cesse interrompu par les notifs sur ton portable ? As-tu tendance à surfer sur le net au lieu de bosser ? Note ces distractions ; c'est crucial de les reconnaître pour pouvoir les éviter par la suite.

Ensuite, passe en revue tes **stratégies** et outils de productivité actuels. Tu utilises une appli de to-do list ? T'as une technique pour gérer ton temps, comme le Pomodoro ou le Time Blocking ? Note tout ça.

Après avoir fait ta liste, réfléchis à l'efficacité de chaque stratégie et outil. Évalue-les selon leur utilité et leur impact sur ta productivité. Certains peuvent être top, d'autres moins.

Maintenant, à la recherche de nouvelles techniques de productivité à tester. Il y a plein de ressources en ligne. Essaie de dénicher trois ou quatre techniques qui semblent coller à tes besoins et à ton style de **travail**. Par exemple, la méthode GTD (Getting Things Done) ou la méthode de planification 90-90-1 pourraient valoir le coup d'être essayées.

Une fois tes nouvelles techniques choisies, mets-les en place une par une, chaque semaine pendant un mois. Ne te précipite pas à tout essayer d'un coup. Cette approche progressive te permettra de vraiment tester chaque technique séparément.

Pendant ce processus, note tes expériences et résultats avec chaque nouvelle technique. Tiens un **journal** où tu écris ce qui marche, ce qui ne marche pas, et comment chaque technique te fait sentir. Ça sera super utile pour évaluer ce qui mérite d'être gardé à long terme.

Après ce mois d'expérimentation, prends du recul et analyse toutes tes notes et découvertes. Développe un système de productivité personnalisé basé sur ce que tu as appris. Ton système devrait inclure les moments de grande productivité que tu as identifiés, les techniques et outils les plus efficaces, et comment éviter les distractions courantes.

Avec ce système de productivité sur mesure, tu seras mieux armé pour atteindre tes **objectifs**. Petit à petit, en ajustant et réajustant, tu te retrouveras dans un état d'esprit où tu rejettes le sabotage personnel et optimises chaque instant vers la réussite.

Voilà, c'est ton guide pour un audit de productivité super efficace. N'oublie pas, c'est un processus continu et il faut s'adapter en fonction de tes expériences et résultats. L'idée, c'est d'apprendre à mieux te connaître et d'utiliser ces **connaissances** pour être plus **productif**.

En Conclusion

Ce chapitre t'a donné des **techniques** pratiques pour améliorer ta **productivité** tout en renforçant ton autodiscipline. En suivant ces conseils, tu seras capable de **gérer** tes tâches de manière plus efficace et de réduire les **distractions** qui peuvent freiner ta progression. Voici un aperçu des points clés à retenir :

La focalisation sur une tâche à la fois élimine les coûts cognitifs liés aux changements de tâches fréquents. Créer un **environnement** de travail qui favorise la concentration peut grandement améliorer ton efficacité. Utiliser la technique du regroupement des tâches similaires te permet de minimiser la charge cognitive et d'accomplir plus rapidement les activités connexes. Traiter immédiatement les petites tâches de deux minutes ou moins t'aide à éviter qu'elles ne s'accumulent et deviennent accablantes. La sélection judicieuse d'**applications** de productivité et l'adoption d'un minimalisme digital maintiennent ton attention et réduisent les distractions inutiles.

Continuer à appliquer ces **techniques** t'aidera à maîtriser tes moments de **travail** et à atteindre une efficacité optimale. Mets en pratique ce que tu as appris dans ce chapitre, et tu verras des résultats positifs dans tes habitudes de travail. Allez, lance-toi ! Mets ces conseils en action et transforme ton approche pour une meilleure productivité !

Chapitre 12 : Surmonter la procrastination

T'as déjà remarqué comment on trouve toujours une **excuse** pour repousser certaines tâches ? Moi, ça m'arrive tout le temps. Alors, imagine un peu si tu pouvais transformer cette **habitude** en quelque chose de positif...

Dans ce chapitre, je vais te filer des **astuces** simples mais puissantes pour enfin attaquer ce qui traîne sur ta liste de choses à faire. D'un coup d'œil rapide, tu découvriras comment découper les **tâches** en morceaux gérables. Comme on dit, "Manger une grenouille" ? Oui, t'as pigé.

Tu verras aussi des techniques pour te tenir **responsable** et **motivé**. Comme un pote qui te pousse à sortir quand tu préfères rester sous la couette. Ce chapitre te propose des défis pratiques pour t'aider à y arriver sans stresser.

Mais t'inquiète, c'est pas pour te surcharger mais pour aiguiser ta **curiosité**. Parce qu'au fond, qui n'a pas envie de boucler ses projets ? T'es prêt à transformer ton quotidien en attaquant la procrastination à bras-le-corps ?

Prépare-toi à bouger et à agir ! Simple, pratique, et pour toi... Oui, dès maintenant ! Ça change tout, crois-moi.

Causes Profondes de la Procrastination

Ah, la **procrastination**... Tu connais sûrement ce moment où tu évites de faire ce que tu dois faire. Mais pourquoi ? Commençons par les facteurs psychologiques. D'abord, il y a la **peur** de l'échec. Super courante, celle-là. Tu ne veux pas commencer une tâche parce que tu as peur de ne pas réussir. Et cette petite voix qui te dit que ça sera difficile ? Tu l'entends ? C'est la paralysie par l'analyse. L'action devient si compliquée précisément parce que tu y réfléchis trop.

Ensuite, y'a le **perfectionnisme**. Ouais, c'est souvent mal perçu comme qualité, mais il peut être sournois. Trop souvent, tu attends que tout soit « parfait » avant de débuter. Et devine quoi ? Ça n'arrive jamais. Du coup, tu n'avances pas. Autre facteur ? Le manque de **confiance** en soi. Quand tu crois que tu n'es pas capable de faire quelque chose, tu t'empêches de le faire. Simple comme bonjour.

Une fois que tu comprends ces facteurs psychologiques, rester inactif semble presque logique, non ? Bon, on continue.

Comment identifier tes **déclencheurs** personnels et tes schémas ? Avant tout, c'est super important de t'observer. Essaie de noter les moments où tu te sens tenté de procrastiner. Y a-t-il un schéma ? Peut-être que tu remets toujours à demain quand il s'agit d'un boulot difficile ? Ou peut-être que tu hésites face aux tâches que tu ne trouves pas intéressantes ? Une petite astuce : utilise un journal de procrastination. Note chaque fois où tu te dis « je le ferai plus tard ». Effort banal mais ça marche. Promis, tu vas voir des modèles émerger.

La technique des « 5 pourquoi » peut t'aider à gratter sous la surface. Sérieux, pose-toi 5 fois la question « pourquoi ? » pour arriver aux petites racines profondes de ta procrastination. Je m'explique. Tu attends pour lancer ce projet parce que « t'as peur de l'échec ».

Pourquoi as-tu peur de l'échec ? Peut-être parce que t'as grandi avec des attentes élevées. Et pourquoi ces attentes sont-elles un problème ? Peut-être que t'as souvent raté ces attentes, te laissant te sentir insuffisant. Continue jusqu'à cinq « pourquoi » et tu apercevras ce **trésor** caché. Fait étonnant. Voilà comment ça se passe :

- Pourquoi je remets cette tâche à plus tard ? - Parce que j'angoisse de mal faire.

- Pourquoi j'angoisse de mal faire ? - Parce que ça pourrait ruiner mes efforts précédents.

- Pourquoi ça me dérange autant ? - Parce que j'ai toujours eu du mal à accepter mes fautes.

- Pourquoi ça ? - Depuis l'enfance, mes échecs étaient très critiqués.

- Pourquoi cette critique m'affecte-t-elle encore ? - Parce qu'en étant critiqué, je me sens, là encore, insuffisant.

Tu vois l'idée. Technique simple, mais puissante.

Il est essentiel de revenir sur tes **habitudes** régulières de procrastination une fois repérées. Installe une routine stable, comme une espèce de checklist quotidienne avec des petites tâches. Même si ça peut paraître trivial et même insignifiant pour certains. Avoir sous les yeux ce que tu dois vraiment accomplir aujourd'hui... ça change la donne. Pas besoin d'être parfait – faut juste commencer.

Au bout du compte, c'est clair que la procrastination vient souvent de bien au-delà des tâches que tu repousses. Allez, on se remue les **méninges** !

La technique "Mangez ce crapaud"

Parlons de cette fameuse technique "Mangez ce crapaud". En gros, l'idée est de t'attaquer à la **tâche** la plus difficile en premier, celle que tu as envie de repousser. En plus, faire ça te donne un sacré coup de boost pour ta journée. C'est vrai que quand tu élimines le plus gros crapaud dès le matin, tout devient un peu plus facile, non ?

Comment savoir quelle tâche est ton crapaud ? C'est souvent celle qui te fait le plus **peur** ou que tu trouves la plus pénible. Imagine que tu doives faire ce rapport super compliqué pour ton boulot. Pas très fun, hein ? Mais si tu le fais tout de suite, t'es tranquille pour le reste de la journée. En général, les crapauds sont ce genre de trucs qui te prennent la tête pendant des heures, voire des jours entiers.

Mais comment les repérer et les prioriser dans ta journée ? Une bonne méthode est de faire une petite **liste** la veille au soir. Note tout ce que tu dois faire le lendemain et classe-les par ordre d'importance et de difficulté. Repère le plus gros crapaud. C'est celui-là que tu vas attaquer dès ton réveil.

Juste repérer le crapaud ne suffit pas toujours. Parfois, malgré ta bonne volonté, tu te rends compte que tu perds encore du temps à penser à d'autres choses. C'est là qu'entre en jeu la technique du "**blocage** de temps". C'est tout simple en fait. Tu te bloques des créneaux horaires pour bosser sur tes tâches difficiles. Par exemple, dis-toi que de 8h à 10h, tu ne fais que ce fichu rapport, rien d'autre. Pas de réseaux sociaux, pas de pause café prolongée, que dalle. Juste toi et ton crapaud.

T'imposer ces moments te force vraiment à être **productif**. Entre nous, ce n'est pas toujours facile au début. S'asseoir et bosser pendant deux heures d'affilée peut paraître un peu oppressant, mais avec le temps, tu t'y fais. Et cette **discipline** que tu développes en adoptant cette méthode, elle vaut de l'or. C'est comme si tu disais à ton cerveau "hé, on fait ce truc là maintenant et on ne bouge pas tant que ce n'est pas fait".

Voici le résumé :

• Repère ton crapaud : trouve la tâche la plus difficile/pénible

• Fais cette tâche en premier : laisse de côté tout le reste et concentre-toi dessus

• Blocage de temps : fixe des créneaux horaires où tu t'y consacres pleinement

Ah oui, un petit truc que j'ai remarqué – souvent, la tâche tellement horrible qu'on ne veut pas la faire, elle n'est pas toujours si terrible que ça. On a tendance à grossir les choses dans notre tête. Une fois que tu commences, ça vient tout seul, et l'**élan** prend le dessus.

Voilà, la technique "Mangez ce crapaud", c'est ça. C'est pas magique, ça demande un peu de **volonté** au départ. Mais si tu le fais sérieusement chaque jour, c'est une sacrée arme contre la procrastination. Allez, mets-toi au boulot maintenant et mange ce crapaud !

Décomposer les tâches en morceaux gérables

Combattre la **procrastination** commence souvent par changer ta manière de voir les choses. C'est vrai, le progrès perçu joue un rôle énorme ici. Pourquoi ? Parce que quand tu vois que tu avances, même un petit peu, ça donne un coup de boost à ton moral. Tu commences à te dire "Ah, je peux vraiment faire ça !" et, mine de rien, tu te mets à **travailler** encore plus. Voilà la magie du progrès perçu.

Quand tu as un gros **projet** devant toi, comme rédiger un rapport ou organiser un événement, ça peut vite devenir intimidant. Tu ne sais pas par où commencer et du coup, boom, tu procrastines. Ici, la

Structure de Décomposition du Travail (ou SDT pour les intimes) devient ton alliée. Pas besoin d'outils compliqués pour ça. Prends une feuille, écris ton projet tout en haut, puis note toutes les petites étapes qu'il faut pour y arriver. Simple, non ?

Diviser un grand projet en petites **tâches** facilite vraiment les choses. Plutôt que voir une montagne à gravir, tu vois juste une série de petites collines. Genre au lieu de penser "Je dois écrire un roman," dis-toi "Aujourd'hui, je vais écrire un paragraphe sur le chapitre 1." Bam, c'est beaucoup plus facile de s'y mettre.

Et puis, il y a la méthode du "**gruyère**". Tu sais, quand tu regardes un morceau de gruyère, il est plein de petits trous. L'idée ici, c'est de créer des "trous" dans ta grosse tâche intimidante. Pourquoi ne pas avancer sur les parties du projet qui sont faciles ou qui te plaisent le plus ? C'est comme grignoter un bout de fromage... Tu avances ici et là. Petit à petit, tout ce qui reste, ce sont de petites parties qui ne font plus peur. Plus tu avances dans le projet, moins il paraît gros et effrayant. Pratique, non ?

Imagine que tu doives préparer une **présentation**. T'as la flemme de tout faire d'un coup ? Utilise la méthode du gruyère. Commence par faire les diapos sur les sujets que tu kiffes déjà. Ensuite, retourne bosser sur les autres parties petit à petit. T'as presque fini sans te rendre compte jusqu'où tu as bossé.

Progresser permet aussi de gratifier ton cerveau. Chaque petite tâche accomplie libère un peu de dopamine. Cette petite **récompense** chimique te motive à continuer. Allez, qui n'aime pas cette sensation d'accomplissement, même pour une mini-tâche prise en main ?

Une autre idée : définir des **deadlines** raisonnables pour chaque étape. Divise ton gros problème avec une chronologie sur des créneaux gérables. Par exemple, si tu as un mois pour rendre un rapport, passe les deux premiers jours à faire des recherches, les trois jours suivants à faire un plan détaillé, et ainsi de suite. Ça te permet de voir l'avancement et, plus important, de ressentir que tu contrôles les choses au fur et à mesure. Évidemment, sois flexible. Si tu as une journée où ça ne va pas bien, pas de stress. Ajuste le planning et continue.

En fin de compte, décomposer les tâches en morceaux gérables et adopter la méthode gruyère sont des astuces en or. Elles transforment chaque grosse montagne en petites collines atteignables. Ça rend tout plus simple, agréable, et te permet de te débarrasser de cette fameuse **procrastination**. C'est une vraie alliée pour te redonner confiance en toi et surtout, t'aider à réaliser tes projets petit à petit. Allez, courage—petit bout par petit bout, on y arrive toujours.

Systèmes de responsabilisation pour l'achèvement des tâches

Allez, on parle souvent de **procrastination**. C'est ce sale petit défaut qui te fait remettre tout à plus tard. Mais tu sais quoi ? Tu peux t'aider grâce au pouvoir de l'**engagement social**. Imagine, t'as un pote qui te soutient pour finir tes projets, c'est tout de suite plus motivant, non ?

L'engagement social aide à contrer la procrastination. Quand tu sais que quelqu'un compte sur toi, t'as pas envie de le décevoir. Ça te pousse à bouger, à accomplir tes **tâches**. Parfois, la motivation interne flanche, et avoir quelqu'un en soutien devient ta meilleure arme. Pas seulement au boulot, mais aussi pour tes objectifs perso. On n'est pas des robots ; on s'entraide et on se booste mutuellement.

Maintenant, parlons des **partenariats** ou des groupes de responsabilisation. Trouver quelqu'un qui partage tes objectifs, c'est déjà un grand pas. Crée un duo ou rejoins un groupe. Peu importe que ce soit pour le sport, les études, ou une passion commune. Ce qui compte, c'est l'engagement mutuel. Par exemple, vous pouvez établir des check-ins réguliers. Une p'tite réunion hebdo pour discuter de ce que vous avez fait, ce que vous devez faire... et vous encourager, bien sûr !

Voici quelques idées pour mettre en place un bon partenariat ou un groupe :

• Choisis des personnes ayant des objectifs similaires.

• Fixe des rendez-vous réguliers pour partager vos progrès.

• Fixez-vous mutuellement des petits objectifs hebdo.

• Honorez toujours vos rendez-vous ; ne lâchez pas.

Ensuite, y a cette technique incroyable qu'est la "**déclaration publique**". Ah oui, elle peut faire flipper au début, mais elle fonctionne vraiment. Tu annonces à haute voix tes objectifs, comme sur les réseaux sociaux, dans une discussion de groupe, ou même à la table familiale. L'idée est simple : utiliser la pression sociale pour réaliser tes tâches. T'as dit que tu allais le faire, maintenant y a plus de marche arrière possible.

Mais bon, tout le monde ne va pas crier ses intentions sur les toits. Alors trouve un cadre où tu te sens à l'aise. Parle à des amis proches, ou à ta famille. Tu seras bluffé de voir comment leur soutien te pousse à accomplir tes **objectifs**.

Pour résumer la force de ces actions :

• Engagement social : Aie quelqu'un qui surveille tes progrès.

• Partenariats/groupes de responsabilisation : Crée des rendez-vous réguliers, soutenez-vous mutuellement.

• Déclaration publique : Utilise la pression de ton entourage pour terminer tes projets.

C'est dingue, non, comme un peu de pression sociale et d'engagement peut transformer ta manière de finir des **tâches** ?

Puis, pense toujours à célébrer tes **succès**. Ça te file une énergie de ouf pour attaquer les prochaines étapes. Pourquoi remettre au lendemain ce que tu peux faire tout de suite ? Un peu de soutien ne ferait pas de mal... Laisse ton énergie positive contaminer ceux qui t'entourent, et vice versa. Parce que... ensemble, on est plus forts, pas vrai ?

Exercice pratique : Défi anti-procrastination

On a tous ces tâches qui traînent... toujours repoussées à plus tard. T'es **prêt** à relever un défi pour enfin vaincre ta procrastination ? Voici comment t'y prendre.

D'abord, identifie tes trois principales tâches ou projets que tu as tendance à remettre à plus tard. Ça pourrait être, par exemple, boucler cette **présentation** pour le boulot, commencer cette routine de sport ou préparer ce dîner important. Une fois sur papier, tu verras plus clair.

Ensuite, découpe chaque tâche en étapes plus petites et gérables. Pour la présentation, ça donnerait : choisir le sujet, rassembler les infos, créer les diapos, préparer les notes. Pour la routine de sport : acheter des fringues de sport, trouver un programme d'exercices, fixer un planning hebdo.

Une fois les étapes définies, fixe des **deadlines** précises pour chaque étape et pour la tâche globale. Te donner des dates butoirs te boostera, genre : choisir le sujet de la présentation d'ici mercredi, finaliser les notes d'ici dimanche. Ces échéances te gardent sur le qui-vive et te poussent à avancer.

Trouve un pote ou un groupe pour partager tes objectifs. Partager tes plans avec quelqu'un, ça motive grave ! Cette personne te demandera où t'en es chaque semaine, t'encourageant à rester sur les rails.

Applique la technique "mange cette **grenouille**" tous les jours pendant une semaine. Ça veut dire s'attaquer d'abord à la tâche la plus chiante chaque matin. Pas fun, mais vachement efficace. T'es plus frais le matin, donc attaquer la corvée en premier te sera bénéfique. Avant même de sentir la fatigue de midi, t'auras déjà un sentiment d'accomplissement.

Essaie aussi la "Technique **Pomodoro**" pour bosser sur tes tâches en sessions de concentration intense. Par exemple, bosse à fond pendant 25 minutes, puis prends une petite pause de 5 minutes. Après quatre sessions comme ça, fais une pause plus longue, genre 15-30 minutes. Ces blocs de temps, c'est comme des unités pour avancer efficacement, et ça garde ton cerveau en éveil.

Enfin, note tes progrès et tes galères quotidiennement. Tiens un **journal** – un carnet, une appli de notes – et note ce que t'as accompli, comment tu t'es senti, ce qui a marché ou pas. Cette réflexion t'empêche de retomber dans tes vieilles habitudes et te garde concentré.

Réfléchis à ton expérience et peaufine ta stratégie anti-procrastination. Chaque fin de semaine, prends un moment pour faire le point : quelles approches ont bien fonctionné ? Quelles étapes ont pris plus de temps que prévu ? Ajuste ton plan si besoin. Comme ça, chaque jour se termine par une petite **victoire** et tu peux affiner la méthode à ton rythme.

À partir de là, continue de t'auto-évaluer et améliore progressivement tes techniques – petit à petit, brique par brique. Remplacer une habitude de procrastination, c'est possible : il suffit de s'y prendre intelligemment avec des outils pratiques. Alors, avec ce défi en poche... un pas après l'autre. Tu verras, ça vaut le **coup** !

En Conclusion

Dans ce chapitre, tu as appris de nombreuses techniques importantes pour **surmonter** la procrastination et améliorer ta **productivité**. Il est crucial de comprendre pourquoi tu remets souvent les choses à plus tard et comment tu peux vaincre cette mauvaise **habitude**.

Tu as découvert les raisons psychologiques derrière la procrastination et comment repérer tes **déclencheurs** personnels. Tu as aussi vu l'importance de commencer par la **tâche** la plus difficile, l'utilité de diviser les tâches en morceaux gérables, et les avantages des systèmes de responsabilité pour accomplir tes **objectifs**.

Mettre en pratique ces **connaissances** et stratégies peut vraiment transformer ta manière d'aborder les défis et améliorer ton organisation au quotidien. Alors, pourquoi attendre ? Lance-toi dès maintenant et sois fier de tes **accomplissements** ! Tu as tous les outils nécessaires pour arrêter de procrastiner et commencer à avancer. Accroche-toi, et les résultats suivront !

Chapitre 13 : Maintenir une autodiscipline à long terme

T'es-tu déjà senti comme si tu **courais** après quelque chose d'insaisissable, tel un papillon qui s'envole ? Moi aussi, je connais ce sentiment. Imagine-toi en train de briser ce cycle. Dans ce chapitre, on va explorer comment cultiver une **discipline** qui tient la route. Créer des **habitudes** durables. Et dans ton voyage vers une autodiscipline solide, toi, oui toi, tu découvriras qu'un petit changement par-ci et une évaluation par-là peuvent faire toute la différence.

Réfléchissons ensemble à l'importance de faire le **point** régulièrement. C'est un peu comme ajuster les voiles d'un bateau. Tu commenceras à voir tes **progrès** autrement et chaque jalon, chaque étape, sera un moment de célébration. L'idée n'est pas seulement de bosser dur, mais aussi d'apprécier le chemin parcouru. Et moi, je m'occuperai de te rappeler d'emprunter cette voie.

Bien sûr, tu devrais toujours chercher à **apprendre** et à t'améliorer. La vie est pleine d'enseignements à saisir. Finalement, on mettra tous ces concepts en **pratique** avec un petit exercice – élaborer ton propre plan d'autodiscipline à long terme.

Allez, suis-moi dans ce chapitre – ensemble, on peut rendre cette quête d'autodiscipline moins **chaotique**. Curieux ? C'est parti !

Créer des habitudes durables

Parlons d'un concept super intéressant : l'**empilement** d'habitudes. C'est comme construire une pile de briques — chaque brique représente une habitude. L'idée, c'est d'ajouter une nouvelle habitude sur une habitude existante. Par exemple, si tu te brosses déjà les dents chaque matin, ajoute juste après quelque chose de nouveau comme une série de pompes. L'avantage ? Tu n'es pas en train de repartir de zéro à chaque fois ; tu profites d'habitudes déjà établies.

Et les **chaînes** d'habitudes, tu connais ? C'est un autre truc génial ! Imagine chaque habitude comme un maillon de chaîne. Quand tu fais une habitude, cela déclenche la suivante. Par exemple, après tes pompes du matin, pourquoi pas boire un verre d'eau et faire cinq minutes de méditation ? Quand ces actions sont liées ensemble, elles se renforcent et créent un flux de comportement positif. La clé, c'est de ne pas trop compliquer les choses — commence petit, et ajoute un maillon à la fois.

Parlons aussi de la technique du "**minimum** viable habit". C'est vraiment astucieux, et ça t'aide à créer des habitudes sans te sentir débordé. Le principe est simple : commence par une version minuscule et facile de l'habitude que tu veux construire. Tu veux lire plus souvent ? Commence par lire une page par jour. Tu veux courir ? Mets tes chaussures de sport et marche autour du pâté de maisons. Une petite action est mieux que rien du tout. Ces petites étapes te mettent en route sans effrayer ta volonté.

Alors, comment faire pour que ces habitudes durables deviennent vraiment... durables ? Eh bien, la **constance** est ta meilleure alliée. Refaire la même action encore et encore grave ces habitudes dans ta routine. Conditionne ton cerveau à voir ces actions comme normales, automatiques, sans réfléchir. Tu as vu comment tu te brosses les dents sans y penser ? Pareil avec les nouvelles habitudes.

Mais il faut rappeler que parfois, tout ne se passe pas comme prévu. Ce n'est pas la fin du monde si tu rates un jour. L'important, c'est de te remettre sur les rails aussitôt que possible. La pire chose serait de laisser une petite erreur devenir une grande chute.

D'autres petits trucs pour rendre tes nouvelles habitudes plus **collantes** : donne-toi une récompense après les avoir faites. Système de récompense ! Tu feras attention de ne pas choisir des trucs totalement contradictoires à tes objectifs (genre manger un donut après avoir couru). Peut-être plutôt un épisode de ta série préférée ou dix minutes de réseau social, si t'as fini ta tâche.

En résumé, les habitudes durables se construisent avec des petits pas et une constante répétition. L'empilement d'habitudes ? Super pratique pour intégrer des nouvelles routines avec un minimum de friction. Les chaînes d'habitudes ? Renforcent tes comportements et rendent tout plus cohérent. Minimum viable habit ? Commencer tout petit pour arriver à des super résultats sans se stresser. Ajoute une pincée de constance, un peu de **compassion** pour toi-même, et avant de t'en rendre compte, ces nouvelles habitudes feront partie de ta vie quotidienne. Allez, ça devient quoi nos prochaines petites habitudes à empiler ? Avançons, un petit pas à la fois, et ces grandes **montagnes** qu'on vise ne sembleront plus si imposantes...

Auto-évaluation et ajustement périodiques

Eh bien, tu sais, **maintenir** une discipline sur le long terme, c'est pas un truc facile. On a tendance à se dire qu'une fois qu'on est lancé, tout ira bien. Mais en vrai, c'est pas si simple. C'est là que la **réflexion** régulière devient super importante.

Prendre du recul de temps en temps, c'est essentiel. Pourquoi ? Parce que ça te permet de voir où t'en es, ce qui marche, et surtout ce qui cloche. Parfois, t'es tellement dedans que tu vois pas ce qu'il faut changer. Toi, par exemple, as-tu déjà pris un moment pour vraiment t'asseoir et **réfléchir** à tes habitudes, tes comportements ? Tu pourrais être surpris de ce que tu découvriras.

Voyons comment faire un petit **audit** mensuel de ta discipline personnelle. C'est pas la mer à boire. Tu prends un carnet – ou ton téléphone, si t'es plus techno. Chaque mois, note tes objectifs, ce que t'as accompli, ce qui t'a mis des bâtons dans les roues, et ce que t'aimerais améliorer. Comme ça, t'as une vue d'ensemble de ton progrès et des trucs qui veulent pas passer. Regarde avec attention. Y a-t-il un motif ? Est-ce que chaque fin de mois, tu relâches un peu trop ? Ou peut-être que chaque lundi, t'as plus de mal à te mettre dans le bain après le week-end.

Et puis, y a cette technique vraiment cool, l'analyse SWOT. Ça te parle ? En gros, y a quatre parties :

• **Forces** – Ce que tu fais bien.

• Faiblesses – Ce qui te met des bâtons dans les roues.

• Opportunités – Ce qui est à ta portée pour t'améliorer.

• Menaces – Ce qui te freine.

Prends des exemples concrets dans ta vie. T'es super organisé ? Bam ! Mets-le dans les forces. Mais si tu te laisses souvent déconcentrer par ton téléphone, note-le dans les faiblesses. Ensuite, réfléchis aux opportunités : t'as un pote qui est aussi en quête de discipline, et vous pouvez vous motiver mutuellement ? C'est une opportunité ! Mais si la voix intérieure de ton angoisse charcute chacun de tes efforts, c'est une menace constante qu'il faut prendre en compte.

À chaque pas, tu peux **ajuster** ton cap. Peut-être que tu voulais lire 30 pages par jour, mais t'as vu que 20 pages, c'est carrément plus réaliste. Pas de souci, réajuste. C'est pas un échec, c'est s'adapter. Ça te permet de garder le cap sur tes objectifs sans craquer sous la pression inutile.

Imagine un peu, chaque mois, tu prends ce temps pour toi. C'est comme une **boussole** qui te redit d'où tu viens, où tu vas, et si t'as pas dévié de ta route.

Et voilà, t'as tout pour te lancer dans une auto-évaluation efficace. C'est pas juste bon pour atteindre tes **objectifs**, c'est aussi un super moyen de mieux te connaître. De quoi t'assurer d'avancer sur le bon chemin, en modifiant légèrement course après course, pour une **discipline** qui tient sur le long terme. Allez, go !

Célébrer les étapes importantes et les progrès

Pourquoi c'est important de **reconnaître** tes réussites ? C'est simple. Imagine que tu **bosses** dur pour atteindre un objectif, mais que personne ne te félicite jamais. Ça devient frustrant, non ? C'est comme si tu courais sans fin sur un tapis roulant. Reconnaître tes réussites peut te **remotiver** et te donner un nouveau souffle pour continuer. Le cerveau adore les récompenses. En célébrant, même les petites étapes, tu envoies un signal positif à ton cerveau qui te dit : « Bien joué, continue comme ça. » C'est essentiel pour garder ta **motivation** sur le long terme.

Parlons maintenant de comment créer un système de **récompenses** vraiment significatif. Il faut penser à ce qui, pour toi, vaut vraiment le coup. Pour certains, ce sera un bon repas dans leur resto préféré, pour d'autres, ça pourrait être un week-end en pleine nature. L'important, c'est de choisir des récompenses qui ont du sens pour toi et qui collent à tes valeurs et tes objectifs perso. Évite les trucs qui peuvent te distraire ou te faire retomber dans tes mauvaises habitudes.

Par exemple, si ton but c'est de rester en forme, te récompenser avec une journée entière à te gaver de sucreries, ben... c'est pas l'idéal. À la place, tu pourrais t'offrir de nouveaux **équipements** pour tes séances de sport. Ça te motive et t'aide à rester sur la bonne voie. En gros, tes récompenses doivent booster tes objectifs, pas les saborder.

Parlons maintenant du journal de **gratitude**. Oui, ça peut paraître un peu gnangnan, mais c'est super efficace. L'idée, c'est de commencer chaque journée en prenant quelques minutes pour noter les trucs pour lesquels tu es reconnaissant. Ça peut être aussi simple que : « J'ai bien dormi cette nuit » ou « J'ai rencontré quelqu'un de sympa aujourd'hui. » Sur le long terme, ça t'aide à voir tes progrès et à apprécier chaque petite victoire. C'est comme cultiver une vision positive, même quand tout ne roule pas comme sur des roulettes. Tu verras, ça change vraiment ta façon de voir les choses.

Il y a un truc magique quand tu écris tes gratitudes. Tu réalises que tous les efforts que tu fournis au quotidien s'additionnent et mènent à quelque chose de plus grand. Et ça, c'est puissant. Ça te donne la patate pour continuer, même les jours où t'en as ras-le-bol.

Pour ancrer tout ça dans ton quotidien, pourquoi pas intégrer des petites routines de **célébration** ? Le vendredi, prends le temps de te poser et de revoir ta semaine. Fête tes petits pas en avant avec une petite récompense. Ça te garde motivé et ça te file un bon coup de boost pour le reste de la semaine.

En résumé, célébrer tes succès, petits ou grands, c'est crucial pour garder ta motivation sur le long terme. Trouve des récompenses qui te parlent vraiment et qui soutiennent tes objectifs. Utilise un journal de gratitude pour te rappeler tout ce que tu as accompli et continue d'avancer. Ces pratiques simples, quand elles deviennent des habitudes, peuvent vraiment faire la différence. Tu seras ainsi mieux armé pour résister aux tentations et écraser les mauvaises habitudes. Allez, on y va !

Apprentissage continu et amélioration personnelle

Parlons de la **pratique délibérée**. Ce n'est pas juste répéter la même chose encore et encore. Non, c'est bien plus que ça. La pratique délibérée, c'est être précis, avoir des **objectifs** clairs à chaque séance. Chaque fois que tu essaies, tu cherches à t'améliorer petit à petit. Tu identifies tes points faibles et tu travailles dessus. Imagine que tu veuilles améliorer ta compétence en dessin. Plutôt que de dessiner de manière générale, tu te concentres sur une technique particulière, comme les ombres. Tu essaies de peaufiner encore et encore ton attaque, et petit à petit, tu vas devenir meilleur. C'est ça, la pratique délibérée. C'est un peu comme résoudre un puzzle, pièce par pièce.

Cette façon de décomposer les tâches joue un rôle clé dans le développement de l'**autodiscipline**. Parce que suivre cette méthode, c'est vraiment être obligé de rester concentré et motivé. Tu identifies des compétences spécifiques, tu les pratiques intensivement, et tu observes ton progrès. Tu construis ta discipline comme un muscle. C'est comme un bodybuilder qui s'entraîne pour chaque partie du corps, il respecte un plan, suit une routine, mesure son progrès. Pareil pour l'esprit. Pourvu que tu fasses preuve d'une telle rigueur dans ta pratique, tu vas voir une sacrée amélioration dans ton autodiscipline.

Mais comment fait-on pour structurer tout ça? Eh bien, c'est là qu'intervient la création d'un **plan de développement personnel**. Ça n'a pas besoin d'être un gros truc, restons simple et précis. Prends une feuille et fais une liste de tes objectifs personnels. Des trucs spécifiques et mesurables. Disons que tu veux lire un livre par mois. Note ça. Ensuite, fixe-toi des sous-objectifs. Par exemple, "lire 30 minutes par jour". Après, ajoute des rappels visuels, genre un calendrier où tu coches tes séances de lecture. T'es plus susceptible de les suivre si tu les vois sous tes yeux tous les jours. Mets en place quelque chose de faisable. Évite de te brûler dès le départ. Correctement structurer des petits bouts que tu peux assembler avec le temps maintiendra ta discipline et tu verras des résultats tangibles.

Et, bien sûr, il y a l'**empilement des compétences**. C'est comme un jeu de LEGO. Tu poses une compétence, puis tu en rajoutes une autre par-dessus, et ainsi de suite. En gros, tu apprends de nouvelles compétences tout en tirant parti de celles que tu as déjà. Par exemple, admettons que tu aies déjà une bonne maîtrise de ton temps, tu peux rajouter la compétence de méditation pour calmer ton esprit. Au fur et à mesure, ces compétences vont s'empiler et se renforcer mutuellement. Le savais-tu ? Les gens qui sont bons en autodiscipline appliquent souvent cette technique. Ils commencent simple — ils n'empilent pas tout en une fois — et puis ils augmentent progressivement la difficulté. Plus tu pratiques différents aspects de la discipline, plus tu deviens polyvalent et puissant.

Exercice pratique : Plan d'autodiscipline à long terme

Allez, on commence avec un exercice pratique pour t'aider à maintenir ton **autodiscipline** sur le long terme, d'accord ? On se lance ensemble, pas de stress.

D'abord, définis ta **vision** à long terme pour l'autodiscipline (1-5 ans). C'est un truc assez large, mais super important. Quelle est ta vision pour les prochaines années ? Essaie de penser où tu veux voir tes progrès – c'est la base de ton plan. Peut-être que tu veux être plus en forme, avoir le job de tes rêves ou sentir que tu maîtrises tes journées sans stress inutile. Note ces idées, elles seront ta boussole.

Ensuite, identifie les domaines clés à améliorer. Jette un coup d'œil sur les aspects à travailler pour réaliser ta vision. Ça peut être la gestion du temps, les habitudes de santé, la concentration, ou même la gestion de ton argent. Pourquoi la gestion du temps est-elle un souci pour toi, par exemple ? Tu perds trop de temps à scroller sur ton portable ? Une fois que tu as listé ces domaines, tu peux commencer à voir comment les améliorer.

Fixe des **objectifs** SMART pour chaque domaine de focus. SMART ? Ça veut dire Spécifique, Mesurable, Atteignable, Relevant, Temporellement défini. Donc, au lieu de dire "Je veux être plus en forme", dis plutôt "Je veux courir 5 km en 30 min d'ici trois mois". Facile, non ?

Crée un **plan d'action** sur 90 jours avec des étapes spécifiques et des habitudes à développer. OK, là on passe aux choses concrètes. Prends chaque objectif SMART et découpe-le en étapes pour les 90 prochains jours. Si tu veux courir les 5 km, programme des séances d'entraînement chaque semaine, par exemple 3 fois par semaine au parc le soir. Note tout ça pour suivre facilement.

Établis un processus de revue hebdomadaire pour suivre les **progrès** et faire des ajustements. Bon, tous les dimanches par exemple, prends le temps de revoir tes avancées. Tu as raté des séances d'entraînement ? Pourquoi ? Qu'est-ce que tu pourrais changer pour la semaine suivante ? Ça aide à rester sur la bonne voie et ajuster ton plan si besoin.

Programme des auto-évaluations mensuelles pour évaluer les progrès globaux. À la fin de chaque mois, fais le point sur ce que tu as accompli. On pourrait appeler ça une rétrospection. Tu es sur la bonne voie pour atteindre tes objectifs en 90 jours ? Si non, remets-les à jour. Ces moments sont là pour te booster et te réorienter.

Planifie des sessions de "recalibrage" trimestrielles pour aligner tes actions avec tes **objectifs** à long terme. Tous les trois mois, revois l'ensemble de tes progrès. C'est à cette occasion que tu réalignes tes actions sur ta vision à long terme. Peut-être que ta vision a un peu changé - tiens-en compte et ajuste ton plan.

Mets en œuvre ton plan, ajuste-le au besoin, et continue le cycle pour une **croissance** soutenue. Enfin, fonce ! Applique ce plan, fais-le évoluer avec le temps et sois flexible. L'autodiscipline, c'est comme un muscle : ça se travaille. Et ce cycle, si tu le respectes et l'adaptes au fil du temps, te permettra de rester aligné avec ta vision, de te challenger et donc, de progresser en permanence.

Voilà, tu as maintenant un cadre complet pour ton autodiscipline à long terme ! Accroche-toi et assure-toi de prévoir du temps pour ces différentes étapes. C'est ta méthode pour arriver à quelque chose de durable, t'inquiète pas, tu peux y arriver.

En Conclusion

Ce chapitre sur le maintien de l'**autodiscipline** à long terme t'a présenté les pratiques essentielles pour établir et conserver de bonnes **habitudes**. On a aussi insisté sur l'importance de t'évaluer régulièrement et de célébrer tes progrès pour rester **motivé**. Voici les points clés à garder en tête :

• Le "habit stacking" : une méthode pour combiner et ajouter de nouvelles habitudes aux anciennes, facilitant ainsi leur intégration dans ta routine quotidienne.

• L'**évaluation** personnelle : un outil indispensable pour mesurer régulièrement tes progrès et ajuster tes stratégies afin de rester sur la bonne voie.

• La **récompense** des progrès réalisés : il est super important de reconnaître et de fêter tes réussites pour garder un niveau de motivation élevé.

• Pratiquer délibérément : la pratique intentionnelle t'aide à transformer l'autodiscipline en un véritable atout que tu peux renforcer jour après jour.

• Un plan d'action précis : mettre en place des **objectifs** SMART et des plans d'action détaillés pour t'assurer de progresser de manière soutenue.

En appliquant ces concepts dans ta vie de tous les jours, tu peux améliorer progressivement ton autodiscipline et atteindre tes objectifs à long terme. Ne laisse pas ces enseignements tomber dans l'oubli : mets-les en pratique dès aujourd'hui et fais un pas vers ta meilleure **version**. Allez, lance-toi et tu verras, ça va le faire !

Pour conclure

Le **but** principal de ce livre a toujours été de t'accompagner depuis ta situation actuelle vers une solution où tu possèdes la **discipline** nécessaire pour atteindre tes objectifs sans t'auto-saboter. La discipline personnelle n'est pas juste un objectif, c'est un mode de vie.

Pour faire un petit récap, jetons un œil aux principaux points enseignés :

Tu as appris les bases de la discipline personnelle, comprenant la psychologie du contrôle de soi, le rôle des **habitudes** et la gestion de la fatigue de la volonté.

Tu as vu comment établir la force mentale, en définissant la ténacité mentale, les composants de la **résilience** et l'importance de l'intelligence émotionnelle alliée à l'état d'esprit de croissance.

Tu peux dorénavant identifier et surmonter les mauvaises habitudes en reconnaissant les schémas destructeurs et en utilisant des outils pratiques comme le suivi des habitudes pour analyser et modifier ton comportement.

Tu t'es équipé pour résister efficacement aux tentations grâce à des stratégies de contrôle des impulsions, la gratification différée et des techniques de conception environnementale.

La fixation et la réalisation des **objectifs** ont été simplifiées grâce à des méthodes telles que les objectifs SMART, en les alignant sur tes valeurs personnelles et en décomposant les objectifs à long terme en étapes actionnables.

Tu as appris la gestion du **temps** avec des techniques de priorisation, la méthode Pomodoro et des routines quotidiennes efficaces pour éliminer les tiques du temps.

Tu as pu développer un état d'esprit discipliné à travers la restructuration cognitive, le discours intérieur positif et la règle des 40 % pour surmonter les croyances auto-limitantes.

La résilience et le courage ont été mis en avant en adoptant des techniques de gestion du stress et des activités de renforcement de la résilience pour rebondir après les échecs.

Le rôle de la santé physique dans le maintien de la discipline a été souligné avec l'importance de la nutrition, de l'exercice et de l'optimisation du sommeil.

Tu as appris à réguler tes **émotions** en identifiant les déclencheurs émotionnels et en utilisant les émotions pour te motiver et développer ton intelligence émotionnelle.

Les techniques de **productivité** pour un esprit discipliné t'ont été présentées, comme la règle des deux minutes, la combinaison des tâches similaires et l'utilisation de la technologie pour t'améliorer.

Tu as appris à surmonter la procrastination en abordant ses causes profondes et en utilisant des techniques telles que "Mange cette grenouille".

Enfin, il s'agit de maintenir la discipline personnelle à long terme à travers des habitudes durables, des auto-évaluations périodiques, et la célébration des étapes et des progrès.

Plus tu adoptes ces outils et ces techniques, plus ta réalité deviendra dingue, remplie d'accomplissements et sans auto-sabotage. Tes objectifs semblent désormais à portée de main, et la version la plus disciplinée de toi-même est en train d'émerger. N'hésite pas à continuer d'améliorer tes compétences et de renforcer ta discipline pour une vie équilibrée et réussie.

Pour en savoir plus, jette un œil à ce lien :

https://pxl.to/LoganMind

Autres Livres

Ce bouquin t'a sûrement filé des **astuces** pour booster ton autodiscipline. Pour aller plus loin et atteindre tes **objectifs** avec encore plus de punch, pourquoi ne pas explorer d'autres sujets qui s'y rattachent ? Mes autres **ouvrages** abordent des thèmes essentiels et complètent à merveille la lecture de celui-ci.

Dans la même veine que ce titre, j'ai aussi pondu des guides précieux sur :

• **Intelligence Émotionnelle** : Apprends à maîtriser tes émotions pour vivre une vie plus **équilibrée** et harmonieuse. Contrôler tes réactions, c'est crucial quand tu poursuis tes buts.

• **Estime de Soi** : Développe une image de toi positive et une **assurance** à toute épreuve. Avec une haute estime, c'est tellement plus facile de garder le cap sur tes bonnes habitudes et tes paroles.

• **Entraînement Cérébral** : Stimule ton esprit au max, booste ta **mémoire** et développe l'ensemble de tes capacités cognitives. Un cerveau plus affûté et une meilleure agilité d'esprit, ça t'aidera dans tous tes projets.

Ces titres sont déjà sortis ou le seront très bientôt. Pour y jeter un œil :

• Suis le lien ci-dessous.

• Clique sur "Tous Mes Livres".

• Choisis ceux qui t'intéressent le plus !

Si t'as besoin de quoi que ce soit, tu trouveras tous les moyens pour me contacter à la fin du lien.

Découvre tous mes bouquins et mes contacts ici :

https://pxl.to/LoganMind

Aidez-moi !

Quand tu **soutiens** un auteur indépendant, tu soutiens un **rêve**.

Si t'es **content** de mon bouquin, lâche un retour sincère en cliquant sur le lien plus bas.

T'as des idées pour que ça soit encore mieux ? Envoie-moi un petit **mail** aux contacts que tu trouveras au même endroit.

Ton avis compte vraiment et va aider d'autres lecteurs potentiels à tomber sur mon livre.

Tes suggestions sont en or pour que je puisse m'améliorer et te proposer une meilleure **expérience** de lecture.

Ça te prendra que deux secondes, mais ta voix aura un impact de ouf.

Ton **soutien** me permet de continuer à **créer** et à **partager** mes histoires.

Clique ici pour laisser ton feedback :

https://pxl.to/6-taos-lm-review

Rejoignez mon équipe de critique !

Merci d'avoir lu mon **livre** ! J'aimerais t'inviter à rejoindre mon équipe de critique. Si tu es un **lecteur** passionné, tu peux obtenir une copie gratuite de mon bouquin en échange d'un **avis** honnête. Ça m'aiderait vraiment beaucoup.

Pour faire partie de l'**équipe** de chroniqueurs, voici ce que tu dois faire :

• Clique sur le lien ou scanne le QR code.

• Sur la page qui s'ouvre, clique sur la **couverture** du livre.

• Appuie sur "Join Review Team" (Rejoindre l'équipe de chroniqueurs).

• Inscris-toi sur BookSprout.

• Tu recevras une **notification** à chaque nouvelle sortie de livre.

Découvre l'équipe ici :

https://pxl.to/loganmindteam

N'hésite pas à te lancer dans cette **aventure** littéraire avec nous !